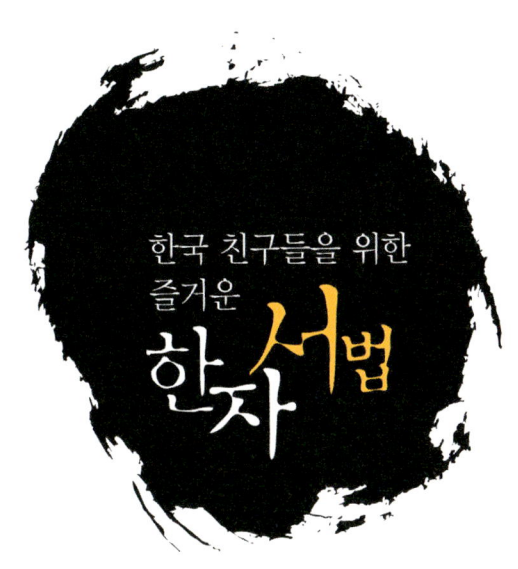

한국 친구들을 위한
즐거운
한자 서법

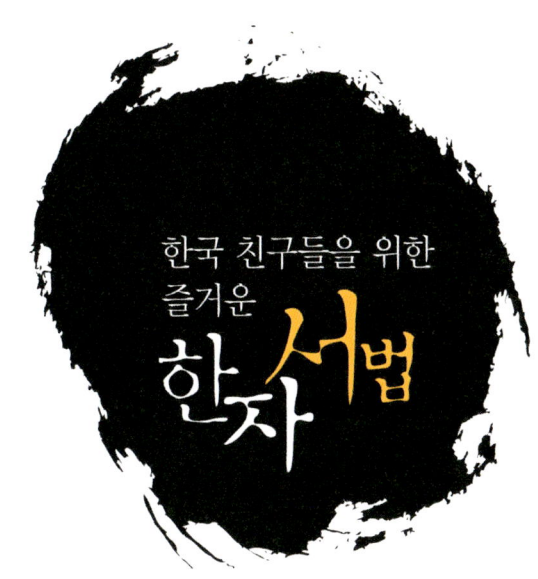

한국 친구들을 위한
즐거운
한자 서법

● 안석 지음 / 황금슬 번역

이담 *Books*

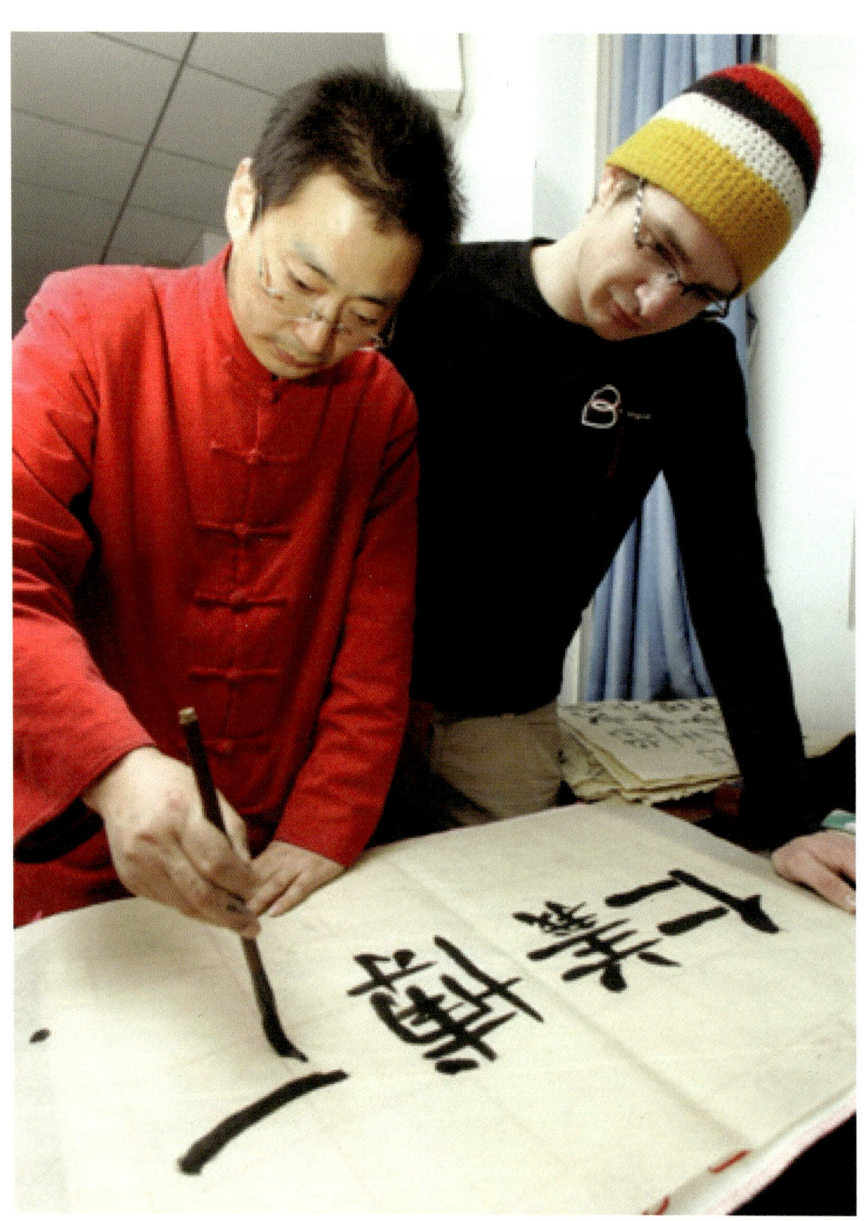

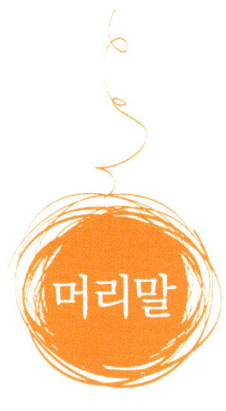

머리말

내가 저자와 알게 된 것은 2009년 가을부터이다. 그때 당시 나는 중국의 사천대학교에 재학 중이었다. 일전에 같은 학과친구로부터 한자서법 교수님이 아주 유명하신 분이라는 소식을 들은 적이 있었다. 그러나 나는 선뜻 그 수업을 선택할 수 없었던 이유가 있었다. 이전에 나는 한자서법을 접해 본 적이 있다. 한국에서 잠시 다녔던 대학교의 중국문화수업에서 이백(李白)의 당시(唐詩) 몇 수를 써 보았던 것이다. 그러나 그때 당시 나의 서법실력은 엉터리였고 심지어 중국문화 수업시간에 왜 한자서법을 배워야 하는지조차도 잘 이해하지 못했다. 때문에 이 한자서법 수업이 혹시나 지루하거나 어렵지 않을까 하는 걱정이 먼저 앞섰던 것이다. 수업을 막상 들어 보니 역시 예상대로 나는 붓을 잡는 것조차 어색하였다. 그러나 안석 교수님께서는 다년간 외국학생들을 가르친 경험이 있으셨기 때문에 그런 나나 다른 외국학생들을 보고 전혀 당황하지 않으시고 침착하게 글자 하나하나 시범을 보여 가며 수업을 진행하셨다. 내가 안석 교수님의 가르침을 받는 동안 그에게 인상이 가장 깊었던 것은 한자가 그 뿌리인 갑골문에서 시작하여 어떠한 변화를 거쳐 현재의 모습을 갖추게 되었는지 설명하시던 모습이다. 수업을 듣는 동안 나는 한자는 역사의 기록이 존재하기 이전부터 수천 년간 끊임없는 변천과정을 갖고 이어져 온 문자임을 새삼

다시 깨달을 수 있었다. 또 자연스레 한자에 담긴 고대 중국인의 사상을 이해하면서 한자서법은 중국문화를 이해함에 있어 절대 빼놓을 수 없는 위치에 있음을 깨닫게 되었다. 수업이 막바지에 이를 무렵 나는 스스로 한 작품을 창작할 수 있었고 어느새 안석 교수님에게 눈에 띌 정도로 달라져 있었나 싶다.

이듬해 나는 향수병을 핑계로 휴학을 하여 귀국하였다. 한국에 있는 동안 안석 교수님께서 번역문제로 나를 찾으셨다. 중국에 한자서법 교육을 목표로 출간할 책을 한국에서도 출간하고 싶다는 것이다. 갑작스런 제의에 많이 당황하였지만, 번역을 해 본 경험이 전혀 없는 내가 두려움을 무릅쓰고 교수님의 제안을 받아들일 수 있었던 이유는 크게 두 가지가 있다. 첫째는 내가 교수님에게 직접 수업을 받은 학생이라는 것이다. 번역은 참 어려운 작업이지만 다른 사람을 찾아 번역을 맡길 수 없었던 것은 교수님의 뜻이 조금이라도 잘못 전달되지 않을까 하는 걱정에서였다. 또 다른 이유는 내가 교수님의 수업에서 보고 듣고 체험한 것들을 직접 다른 사람들에게 느끼게 해 주고 싶어서였다. 서법은 사람의 신체나 심리에 대하여 여러 가지 이점을 가지고 있는데 역자 또한 그것을 체험하였고, 특히 내가 독자에게 전달하고 싶은 것은 안석 교수님의 한자서법 가르침을 통해 중국문화와 중국인의 사상을 자연스레 이해하는 과정이다.

이렇기에 번역은 직역보다는 의미 전달을 위주로 하여 안석 교수님의 뜻이 최대한 잘 전달될 수 있도록 하였다. 나의 부족함으로 혹시나 오역이 될 수 있는 당시(唐詩)의 해석 및 주석 등은 역자의 생각을 최대한 배제하고 가능한 한 다른 사람들의 책을 많이 참고하였다. 인물의 이름이나 시의 제목 등은 독자가 읽기 쉽도록 한국식 음으로 표기하였다. 작품의 내용은 전체적으로 중국어 간체자로 되어 있다는 점을 유의하시길 바란다. 그리고 작품 중 글씨체를 잘 알아보기 힘든 것은 밑에 글자 그대로 표기하였고 내용의 이해를 돕기 위해 해석 및 주석을 달았다.

원고를 받고 출판사와 계약을 하여 번역을 완성하기까지 두 달이 채 되지 않았다. 비록 짧은 기간이었으나 나에게는 또 다른 형식의 배움으로 뜻깊은 시간이 아닐 수가 없다. 그리고 최선을 다했으나 마무리 짓는 오늘까지도 적지 않은 아쉬움이 남는 것은 사실이다. 혹시나 있을 오역에 대해서는 독자들의 너그러운 이해를 바란다.

끝으로 나를 믿고 번역을 맡겨 주신 안석 교수님께 깊은 경의를 표하며, 묵묵하게 응원을 해 준 가족과 친구들에게 고맙다는 말을 전하고 싶다. 그리고 번역하는 데 있어서 조언을 아끼지 않은 중국인 친구들과 한국외국어대학교 친구들, 마지막으로 책 출간에 도움을 주신 한국학술정보(주)에게도 감사의 말을 전한다.

황금슬

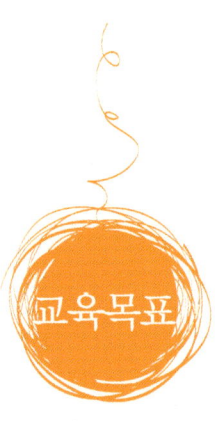

교육목표

　　외국 학생들이 한자서법을 즐겁게 배우도록 하고 중국어 학습과 한자 쓰기가 어렵고 무미건조하다는 인식에서 쉽고 재미있는 것이라 바꿔 준다. 또 피동적으로 받아들이던 학습을 스스로 탐색하도록 하여 넓고도 심오한 한자 문화와 중화문명의 생태지혜를 체험하도록 한다. 첫 학기를 마친 후, 학생은 모필로 해서(楷書)[1]는 물론이고 갑골문, 금문(金文)[2] 등 고대문자 작품을 창작할 수 있다. 두 번째 학기를 마친 후에는 행(行),[3] 초(草)[4] 및 고대문자 서법 예술작품을 창작할 수 있다. 본 교과서는 사천대학교 해외교육학원의 안석 교수님께서 유학생의 한자서법교육을 위해 끊임없이 집결하고 더욱 완벽하게 만들어 낸 실용적인 교재이다. 해마다 사천대학교의 많은 유학생들이 한자를 배우고는 싶지만 한자 개론 수업이 무미건조하여 학생 수가 갈수록 줄어들었는데, 본 교

---

1) 해서(楷書)는 한대 공식 서체인 예서(隷書)를 바탕으로 발전된 서체이며, 후한 말년에 형성된 이후부터 현재까지 1,700여 년간 표준 서체로 통용되고 있다. 해서는 명칭이 말하듯이 본보기, 모범이 되는 서체라는 뜻이다. 그래서 당 이전에는 정서 또는 진서라는 명칭으로도 불렸다. 『한자의 세계』, 김민종 편저, 신아사 출판사, 2000년.

2) 금문(金文). 상주(商周)시대 청동기에 새겨진 한자이다. 고대인들은 동(銅)을 금(金)이라고 칭했으므로 청동기에 새겨진 문자를 금문이라고 한다. 『중국 언어와 문자』, 박흥수, 한국외국어대학교 출판부, 2004년.

3) 행서(行書)는 해서와 금초의 중간적인 자체이다. 행(行)은 흐름을 뜻하는 말인데, 행서는 필획이 이어지면서도 유동적인 형상을 나타내므로 행서라고 한다. 『중국 언어와 문자』, 박흥수, 한국외국어대학교 출판부, 2004년.

4) 초서(草書): 초서는 예서와 같은 시대인 한대에 형성되어 역대로 서예가들이 즐겨 쓰던 서체이다. 사용상의 편의를 위해 한자 구조를 대폭 줄여 필획을 간략하게 흘려 쓴 특징을 지닌다. 『한자의 세계』, 김민종 편저, 신아사 출판사, 2000년.

재는 모필 서법의 기예로 한자를 쓰고 인식하며 분석하고 또 한자 작품을 창작하게 하니 그 즐거움이 끝이 없고, 미묘한 흥취가 넘치며 쓸수록 빠져들게 되어, 현재 수업을 듣는 학생의 수가 나날이 늘고 있다. 한자를 쓸 때 딱딱한 펜으로 다섯 번 쓰는 것보다 붓으로 한 번 쓰는 것이 한자를 더 쉽게 기억하며, 붓으로 쓸 때에는 온 마음을 다하여야 하기 때문에 정신을 집중하지 않으면 쓸수가 없다. 이렇게 유학생들은 한자를 쉽게 기억함과 동시에 일문의 한자 쓰기 예술을 장악하게 되는데 이는 자전거를 타거나 거문고를 타는 것처럼 평생 잊지 못하며, 심신 건강에도 좋을 뿐만 아니라 동시에 중국문화의 뿌리인 한자서법을 이해하고 체험할 수 있다.

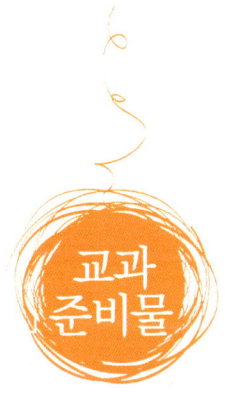

교과
준비물

1. 문방사우(붓, 먹, 화선지, 벼루)
2. 서예 모포
3. 붓발

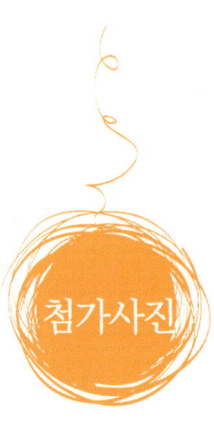

첨가사진

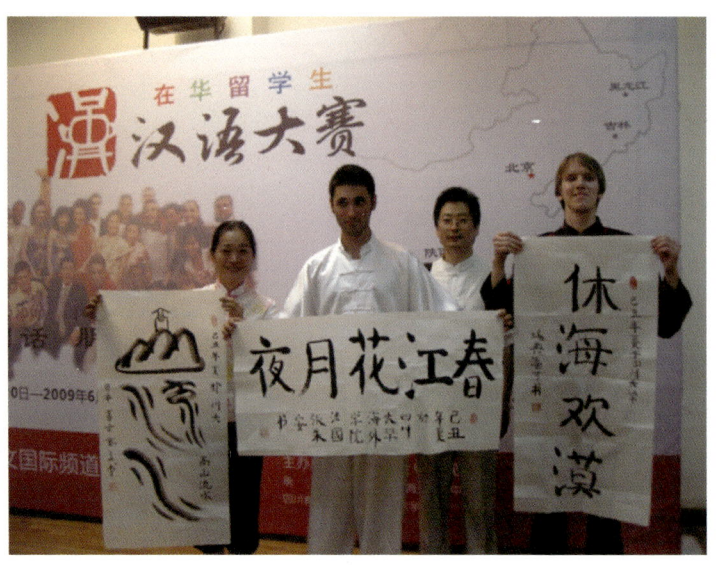

─사천대학 유학생 한자서법 연습반 학년 36교시 후, 자유 창작한 작품으로
2009년 중국 중앙방송국이 개최한 '유학생 중국어 대회'에 참가하였다.
〈우〉스웨덴 학생의 해서(楷書), 〈중〉프랑스 학생의 행해(行楷),
〈좌〉일본 학생의 갑골문. 『고산유수(高山流水)』. 금문(金文)과 해·행·초(楷·行·草),
뒷줄에 자리하신 한자서법 교수 안석.

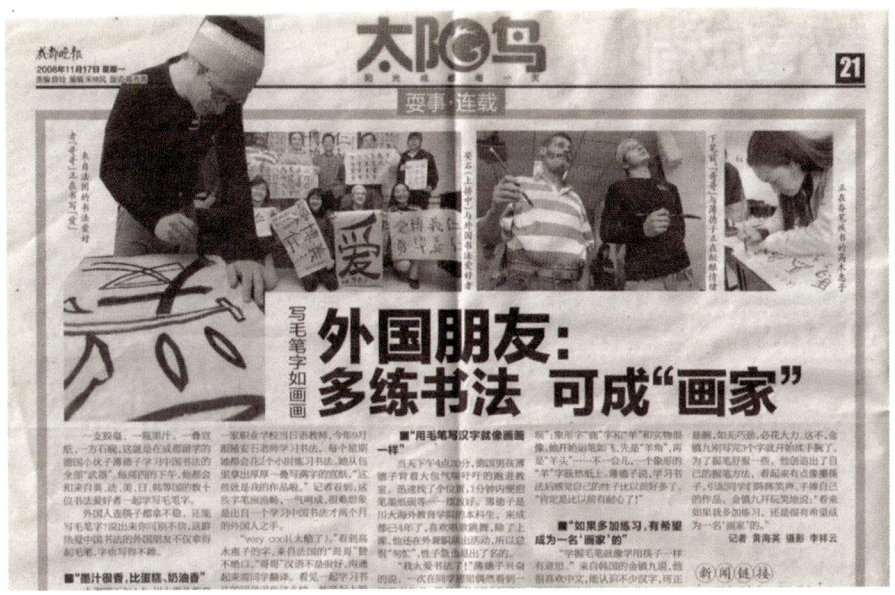

－성도 석간 보도: 사천대학교 유학생들이 안석 교수님과 함께 즐겁게 한자 서법을 배우며 아울러 한자와 그림은 서로 다름이 없음을 주장하였다.

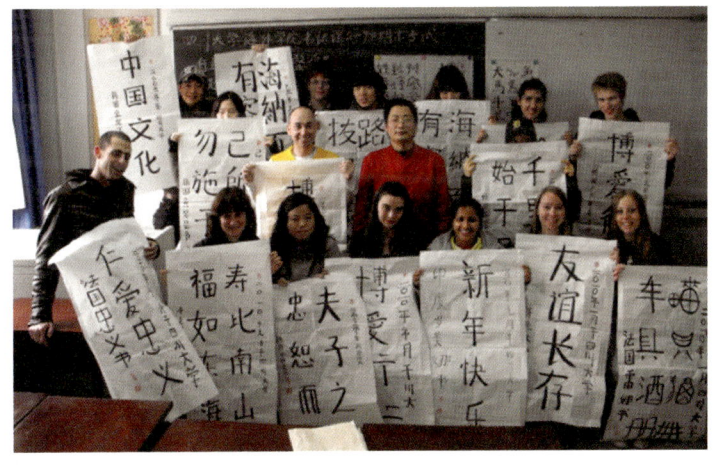

－2009년 사천대학교 유학생들이 마지막 수업 시 창작한 기말고사 작품.

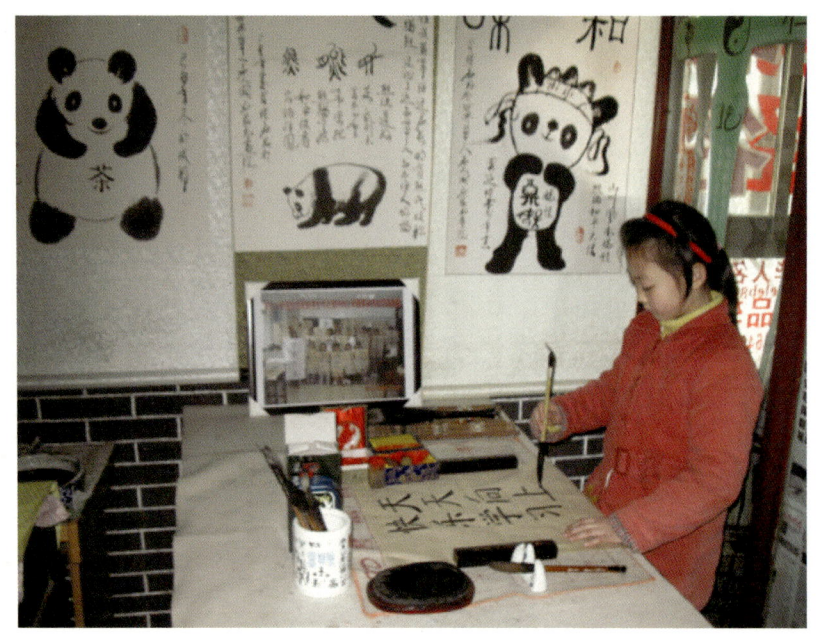

　-중·외 학생을 막론하고 붓을 사용하여 낯선 한자를 쓰면 기억하기
　쉬우며, 온 움직임을 결합하여 행동거지가 경박해지는 것을 막고 심
　리불안을 치료하며 주의력과 인내력 그리고 끈기 등을 향상시킨다.
　또한 몸과 마음의 수양으로 장수할 수 있다. 그렇기 때문에 예부터
　지금까지 중국의 정치가, 문예가, 장군, 그리고 학자출신의 상인 대부
　분이 서법가이다.

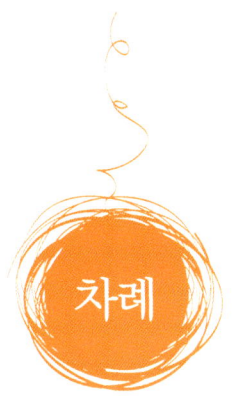

차례

1. 제1-2항:
한자서법의 이해와 감상

    중국은 5천여 년 문명의 역사를 지니고 있다. 한자와 갑골문자가 성숙해진 것도 오늘날에 이르기까지 약 5천여 년이 되었다. 황제 사관(史官) 창힐(倉頡)[1] 이 간단화(簡單化) 및 성씨(姓氏) 부락 토템[2]을 통일화시켰다. 토템은 한자의 근원이다. 전설에 의하면 복희(伏羲)와 여와(女媧)[3]가 팔괘를 그려 창조하였고, 성씨를 세웠으며, 혼인제도를 제정한 것이 오늘날까지 대략 만 년이 되었다. 그렇기 때문에 갑골문[4]에서 우리는 기록 이전의 인류의 문화사상과 지혜를 알수 있다. 중국문화가 인류에게 남겨 준 가장 큰 유산인 한자는 인류문명의 시작점부터 지금까지 사용되었고, 아직까지 끊임없이 이어져 온 문자는 한자뿐이다. 중국이 인류에게 가장 크게 공헌한 것이 바로 한자인 것이다. 고대 이집

---

1) (옮긴이) 중국 고대의 전설적인 제왕인 황제(皇帝)의 사관. 전설적인 인물로 보인다. 하지만 그에 관한 기록은 많은데 예를 들어 『여씨춘추(呂氏春秋)』나 『한비자(韓非子) 오두(五蠹)』편, 그리고 『회남자(淮南子) 본경훈(本經訓)』 등에 '창힐이 문자를 만들었다'고 하였고, 『순자(荀子) 해폐(解蔽)』편에도 '글자 만들기를 즐겨한 사람은 많았지만 오직 창힐의 것만 전해지고 있다'라 하였으며, 이사(李斯)는 『창힐편(倉頡篇)』에서 '창힐은 글자를 만들어 후세 사람들을 가르치게 하였다'라고 하였다.

2) (옮긴이) totem. 미개 사회에서 씨족・부족 또는 씨족적 집단의 성원(成員)과 특별한 혈연관계를 가진다고 생각하여 신성시하는 특정의 동식물 또는 자연물이며 이것이 그 집단의 상징물이 되기도 한다.

3) 복희의 성은 풍(風)으로 삼황오제(三皇五帝)의 우두머리이다. 그는 혼인제도를 제정했고, 팔괘를 만들었다. 여와는 복희의 여동생이자 아내이다. 이들은 중국인의 시조로 받은 뱀의 모습을 하고 있다. 『한권으로 읽는 도교』, 산책자출판사, 2008.

4) 은상(殷商)시대의 문자. 갑골문이란 명칭은 거북의 등뼈와 소의 어깨뼈에 새겼던 문자였기 때문에 붙여진 이름이다. 주로 점을 치는 데 사용했기 때문에 복사(卜辭)라고 한다. 지금까지 출토된 갑골편은 약 16만 편이며, 발견된 갑골문의 자수는 약 4,500여 자로서 그 가운데 완전 해독된 것은 1천여 자에 이른다. 『중국의 전통과 문화』, 선정규 지음, 신서원출판사, 2007.

트의 상형문자는 1,700여 년 전에 사라졌고, 메소포타미아의 설형문자는 약 2천 년 전에 없어졌다. 인도문자, 마야문자를 포함한 이러한 문자들도 이미 사라진 문명이 되어 버렸다. 중국은 한자를 주체로 한 문명으로 중화민족과 국가의 전통문화를 유지하였고 중단되지 않은 채 오늘날까지 사용되고 있다. 한자의 탄생과 동시에 생겨난 서법 예술은 한자가 일종의 부호일 뿐만 아니라 오늘날 세계에서 유일한 표의문자(表意文字)[5]이며 기타 표음자모 문자와 다르게 사용되어 왔다. 한자의 구조는 상형회의를 위주로 구성된 문자이며, 일종의 조형미를 갖추고 있다. 한자의 시작은 서법예술의 시작이며, 의상(意象)[6]의 시작이다.

시대	신석기시대	하상	상주			선진	진	진한 이후
문자 유형	벽화 도기	갑골문	금문	백서[7] 서신	석각	대전[8]	소전[9]	예, 초, 해, 행 등
쓰는 방식	새기기, 그리기	조각	주조, 쓰기, 새기기			주조, 쓰기	주조, 쓰기	쓰기

　　한자서법의 생명력은 왜 이렇게 왕성한가?

　　안석 교수의 연구결과에 따르면 한자서법은 중화문명을 지속적으로 존재(存在)하도록 한 중국문화의 상징이며 인류 원고(遠古) 문명의 산 화석이자 중화민족이 창조한 세계 무형문화재이다. 또한 원고(遠古) 인류의 생태문명의 기인이며, 오늘날의 세계적인 친환경 예술이다! 한자서법과 판다는 중국 특유의 수

---

5) (옮긴이) 하나하나의 글자가 언어의 음과 상관없이 일정한 뜻을 나타내는 문자. 고대의 회화 문자나 상형문자가 발달한 것으로 한자가 대표적이다.

6) (옮긴이) 객관적인 사물을 창조자의 주관적인 감정이나 생각을 통하여 창작해 내는 일종의 예술형상.

7) (옮긴이) 백서(帛書): 비단에 쓴 글.

8) (옮긴이) 대전(大篆): 서주 초기의 청동기에 장편의 명문으로 새겨진 서체.

9) 소전(小篆): 진시황이 제국을 건설한 후에 문자의 혼란으로 오는 불편을 해소하기 위해 만든 표준 자체이다. 진(秦)나라 때 만들었다고 해서 '진전(秦篆)'이라고도 한다. 『한자의 세계』, 김민종 편저, 신아사 출판사, 2000.

묵흑백(水墨黑白), 친환경 예술, 살아 있는 화석 국보이다.

한자서법의 양대 친환경성:

1. UN이 매번 서로 다른 언어로 문서 발송 시, 문서가 가장 얇은 것은 항상 한자 한어(중문)이다. 이는 한자로 쓰는 것(서법)이 종이를 절약한다는 것이다. 종이는 주로 나무를 사용하여 만드는 것이므로 한자는 몇 천 년간 지구촌에서 많은 산림을 절약해 왔음을 설명해 준다.

2. 한자는 생태문명 기인을 가지고 있으며 한자를 창조할 때는 자연과 서로 조화로워야 한다. 이것이 바로 한자 역경(易經)[10]의 천일합일(天人合一)[11]이며 환경보호관과 생태 음양평형론이다.

현재 세계 예술 미학 중의 의상미(意象美)는 사실 한자 쓰기의 근원에서 기원된 것이다. 때문에 한자서법은 중화문명의 어머니이자 인류 예술의 원천이라 할 수 있다. 서양의 피카소는 한자서법을 매우 추종하였을 뿐만 아니라 그 일부를 흡수하여 새로운 서양화를 창조해 냈다. 서양화의 사실주의 예술에서 중국 서화의 사의(寫意)로 변혁하여 추상화파를 창립하였다. 그리고 "만약 내가 중국에서 태어났더라면 먼저 서법가(書法家)가 된 후 화가가 되었을 것이다"라는 명언을 남겼다. 서양의 유명한 추상화가 미로[12] 또한 이러하였다. 그의 추상화 중의 한자서법의 요소는 더욱 많다. 이는 중국뿐만 아니라 전 세계 인류들도 한자서법을 이해한다는 것이다.

---

10) (옮긴이) '주역(周易)'을 유교(儒敎)의 경전(經典)으로서 일컫는 이름. (역)이란 (변역)의 뜻으로 운명(運命)을 예지하고 대처하는 방법을 강구(講究)하는 방법을 강구한다.

11) (옮긴이) 인간과 자연은 하나라는 뜻. 고대 중국인의 사상 중 하나로 우주 및 자연과, 인간 및 만물(萬物)을 언제나 유기적 관계로 이해했다.

12) 미로(Joan Miro, 1893~1983): 에스파냐의 화가이자 도예가.

작품 예시

1: 한자서법의 의상미(意象美)와 추상미를 설명하고 있다.

(楷如立, 行如走, 草如飛, 漢字書法, 无聲音樂, 動靜墨舞!)13)

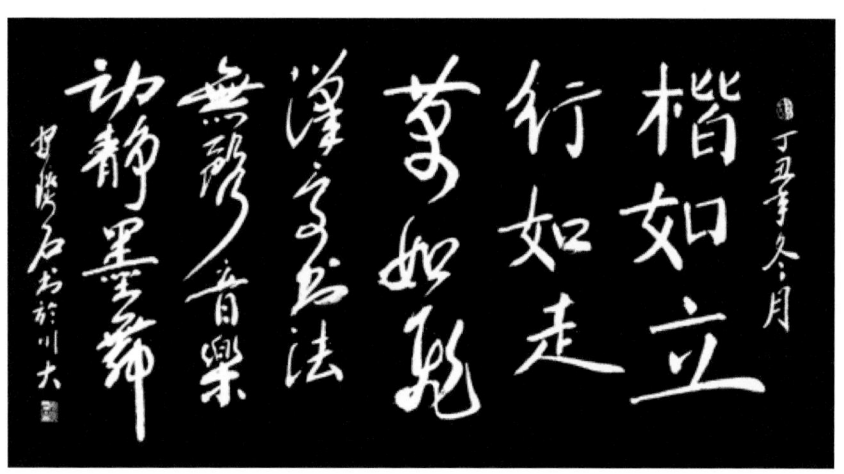

---

13) (옮긴이) 해서는 곧게 서 있는 것과 같고, 행서는 걷는 것과 같으며, 초서는 하늘을 나는 것과 같아야 한다. 한자서법은
소리 없는 음악이며 움직임이 조용한 먹의 춤이다.

행초(行草):14) 가도(賈島)의 당시(唐詩)

『심은자불우(尋隱者不遇)』:15) 松下問童子, 言師采藥去, 只在此山中, 云深不知處.

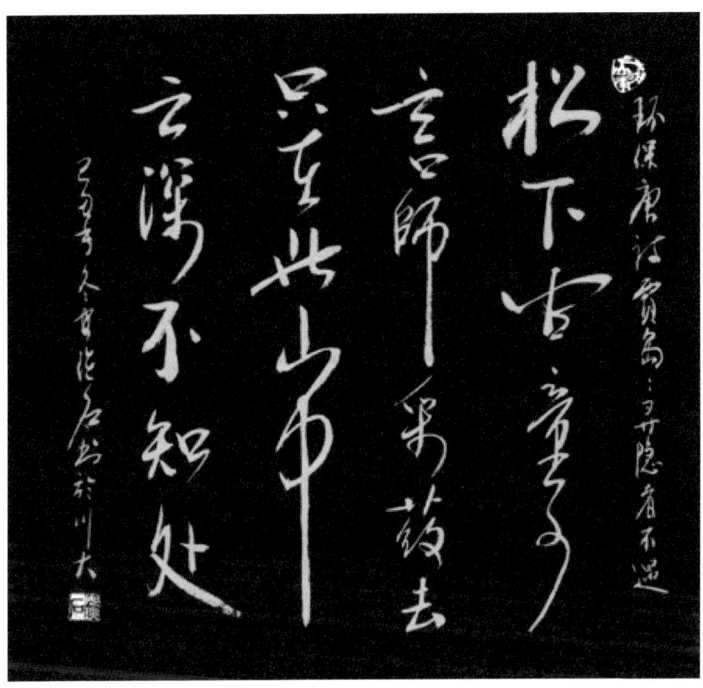

---

14) (옮긴이) 해서와 초서(草書)의 중간이 되는 것으로 획을 조금 흘려서 쓰는 것이 특징이다.

15) 『은자를 찾아가 만나지도 못하고』
　　소나무 아래서 동자에게 은자 선생님이 계시는가 물었더니, 스승님은 약초 캐러 가셨다고 대답한다. 이 산속에 계신 것만은 틀림없나 본데 구름이 깊어 어디 계신지 짐작조차 할 수 없다. (간체자)『증보 중국의 명시』, 김학보 엮음, 가람 출판사.

행초(行草): 두보(杜甫)가 성도(成都)에서 쓴 당시(唐詩):

(兩个黃鸝鳴翠柳, 一行白鷺上青天, 窗含西岭千秋雪, 門泊東吳万里船)[16]

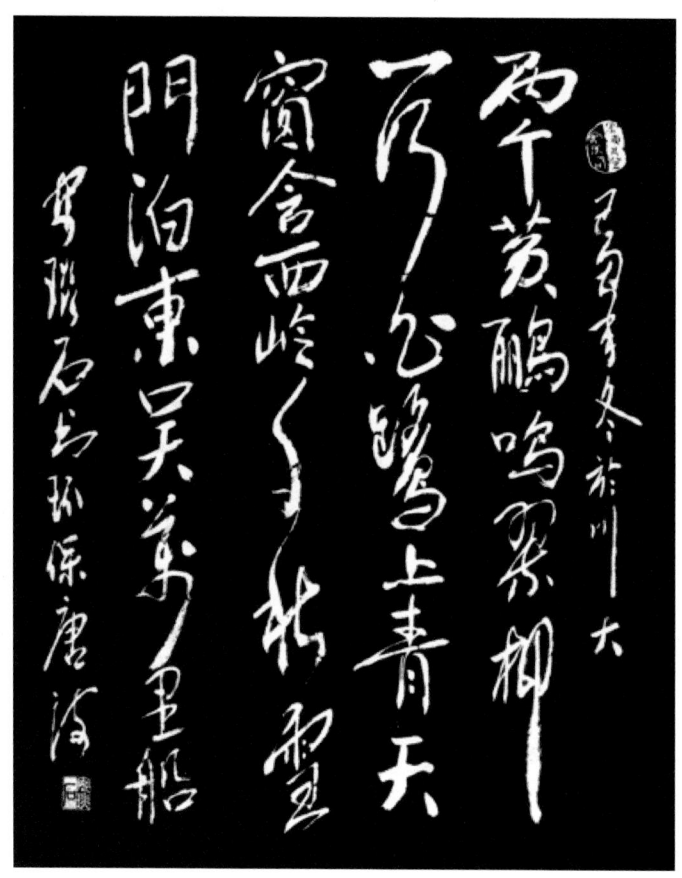

---

16) (옮긴이) 한 쌍의 꾀꼬리가 버들가지에서 지저귀고, 일군의 백로는 창공을 날도다. 내가 사는 창으로 서쪽 산의 천년설이 비치고, 문 동쪽에는 먼 오나라 배들이 정박하고 있구나.

행초(行草): (漢字書法与大熊猫都是中國獨有水墨黑白, 环保藝術, 活化石國宝)[17]

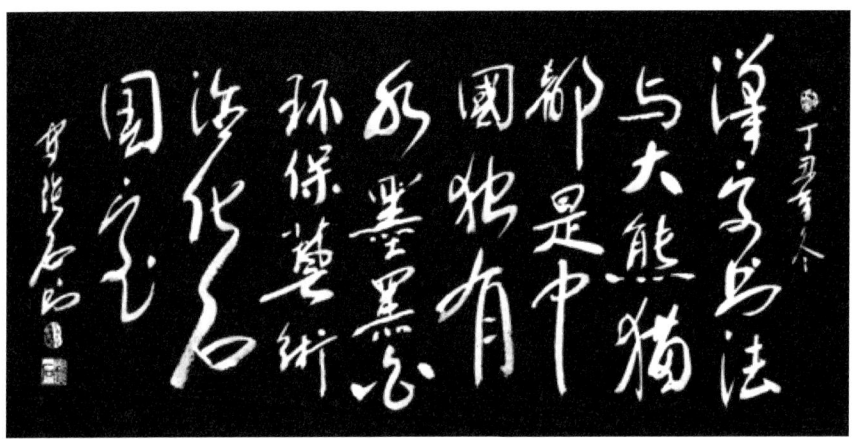

---

17) (옮긴이) 한자서법과 판다는 흑백으로 이루어져 있고 친환경 예술이며 살아 있는 화석 국보로 이 모두가 중국 특유의 것이다.

해서(楷書): 백거이(白居易)[18] 당시(唐詩) 『조(鳥)』[19]

---

18) 백거이(772~846)는 자가 낙천(樂天)이며, 자칭 취음(醉吟) 선생 또는 향산거사(香山居士)라고 했다. 무척 가난한 청년시절을 보내다가 29살 이후 조정에서 수십 년간 관리 생활을 하기도 했다. 43살 때 지방관리로 쫓겨나 만년을 은둔생활로 보냈다. 그는 당대 시인 중에서 가장 많은 1,400여 수의 시를 지어 왕성한 창작욕을 보였다. 스스로 자신의 시를 풍유시·한적시·감상시·잡률시 4종으로 분류하였다. 이 중에서 통치 계급의 부정과 부채, 관리의 횡포, 백성의 고통을 현실적으로 묘사한 170수가 대단히 뛰어나다. 중국학개론, 동양문고, 1998.

19) (옮긴이) 누가 이(새)들의 생명력이 미비하다고 했는가, (생명은) 반은 뼈와 살로, 반은 가죽으로 되어 있거늘. 가지 위에 저 새를 잡지 마시게. 새끼들은 지금 둥지에서 어미를 기다리고 있으니. 백거이(白居易)의 생명을 존중하는 마음이 담겨 있는 시이다.

해서(楷書): 맹호연(孟浩然)[20]의 당시(唐詩) 『춘효(春曉)』[21]

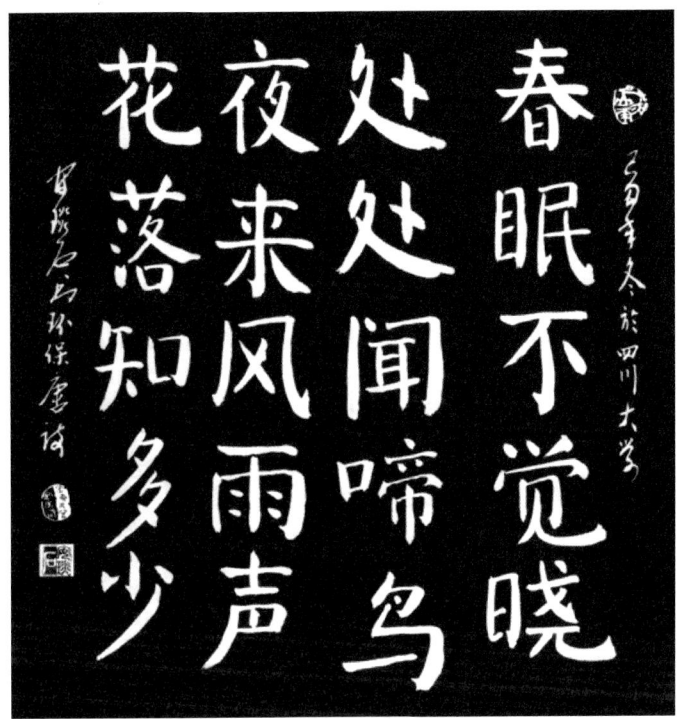

---

20) (옮긴이) 당(唐)나라의 시인. 일생 동안 거의 관직에 오르지 못하고 고향에서 은둔 생활을 하면서 자연의 한적한 정취를 읊은 시를 남겼다. 대표작으로는 춘효(春曉)가 있으며 주요 저서에 맹호연집(孟浩然集) 4권이 있으며 약 200수의 시가 전해지고 있다.

21) (옮긴이) 봄잠이 깊어 날 밝을 줄 몰랐더니 여기저기 새 지저귀는 소리 나는구나. 간밤 비바람 몰아치더니 꽃잎은 얼마나 떨어졌는지 모르겠구나.

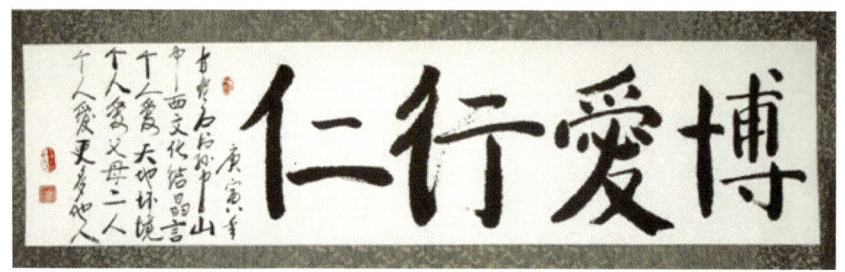

　　박애행인(博愛行仁):22) 손중산(孫中山)23)은 자연환경뿐만 아니라 대중까지 사랑하는 것이야 말로 '박애행인(博愛行仁)'이라는 말을 남겼다. 그는 일찍이 식수절(植樹節)24)을 제안했었다. 오늘날 중국의 식수절은 바로 손중산의 서거일을 기념하는 것이다. 중국 고전 인애사상은 사람과 사람, 사람과 천지환경의 평화와 조화로움을 강조하는 천인합일관(天人合一觀)을 추구하는데 이는 오늘날 중국의 결혼식에서도 계속되고 있다. 중국 결혼식에서는 네 번 절을 하는데 첫째로 하늘과 땅에 절을 한다. 이는 천지환경을 사랑해야 한다는 것이다. 두 번째로는 조상님들에게 절을 하는데 이는 윗사람인 부모를 사랑해야 한다는 것이다. 세 번째로 부부가 서로에게 절을 하는데 이는 부부가 금슬이 좋아야 한다는 것이다. 끝으로 손님들에게 하는 절은 더 많은 타인을 사랑해야 한다는 것을 의미한다.

---

22) (옮긴이) 온 인류가 서로 평등하게 사랑하여야 한다는 것으로 정치적·철학적·윤리적인 개념이다.

23) (옮긴이) 손문(孫文). 중국의 정치가이며 혁명가, 사상가, 중국 국민당(國民黨)의 창시자이다. 별명은 중산(中山). 신해혁명(辛亥革命)의 주요 인물이다.

24) (옮긴이) 매해 3월 12일. 한국의 식목일과 같다.

작품 예시

2: 친환경 한자와 판다 서화계열의 작품은 한자서법 중의 생태문명 기인을
설명한다.

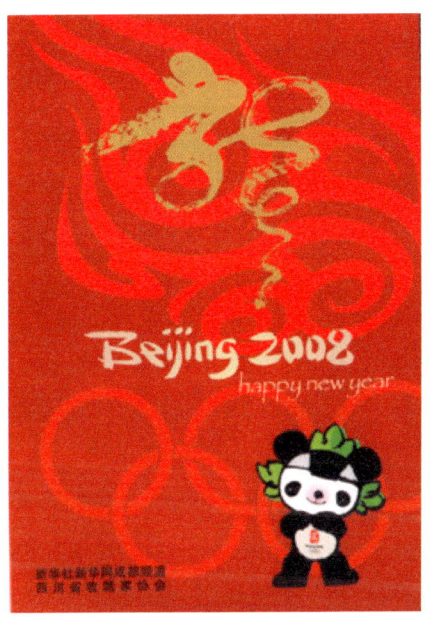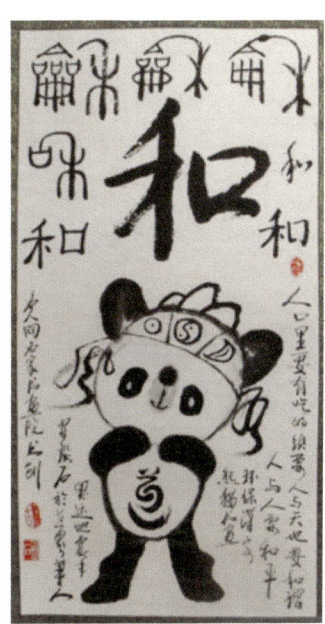

<좌> 장성무용(長城舞龍): 안석은 21세기 첫째 날 팔달령(八達嶺) 만리장성
축전(祝典)에서 세계에서 제일 큰 모필을 휘둘러 세계에서 제일 큰 '용(龍)' 자
를 쓴 사람으로 북경올림픽 방송을 통해 한자를 전파한 유명한 서법가이다.
2008년 북경올림픽의 새해 축하카드에 이 용(龍)자를 사용하였다.

<우> 복왜(福娃) 서법:[25] 안석은 2008년 북경올림픽 때 세계에서 제일 큰

푸와 서법의 창작자이면서 개막식에서 한자서법을 전시할 것을 건의 하였다. 또한 한자서법을 세계무형문화재로 등록시켰으며 한자서법의 양대 친환경성을 발견하였다.

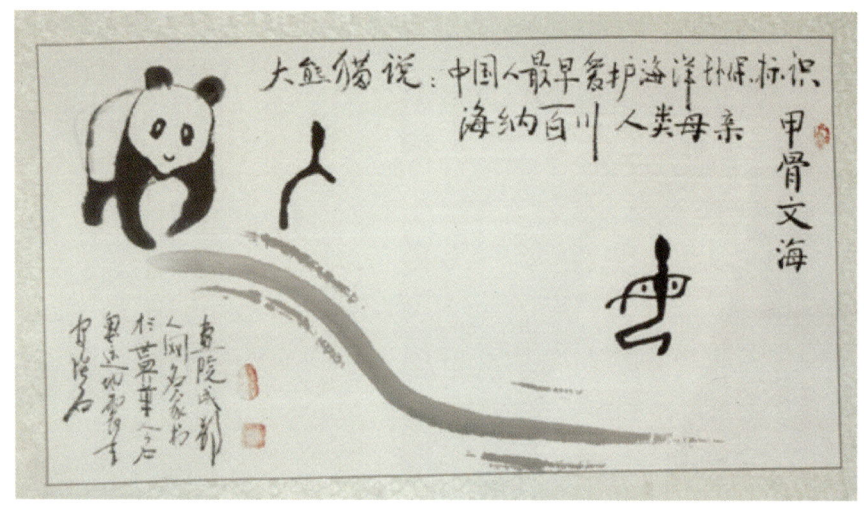

바다 해(海): 많은 강물이 모여 이루어진 바다는 인류의 어머니라는 것이 중국인이 제일 처음 인식한 인류와 바다와의 관계이다.

---

25) (옮긴이) 중국식 발음으로는 '푸와'. 푸와는 2008년 제29회 북경에서 개최한 올림픽의 마스코트이다.

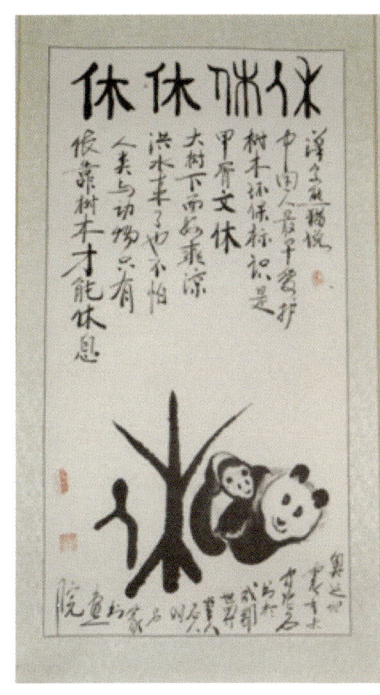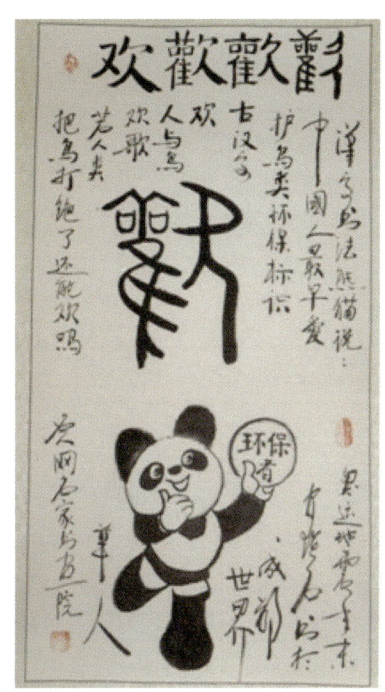

　　<좌> 쉴 휴(休): 인간은 나무를 의지해야만 휴식할 수 있고, 동물 또한 머물
수 있다는 것이 인류가 최초로 인식한 인류와 나무와의 관계이다.

　　<우> 기뻐할 환(歡): 왼쪽의 새와 오른쪽에서 입을 크게 벌리고 있는 사람과
서로 즐겁게 어우러지는 모습은 인류가 처음 인식한 인류와 조류와의 관계이다.

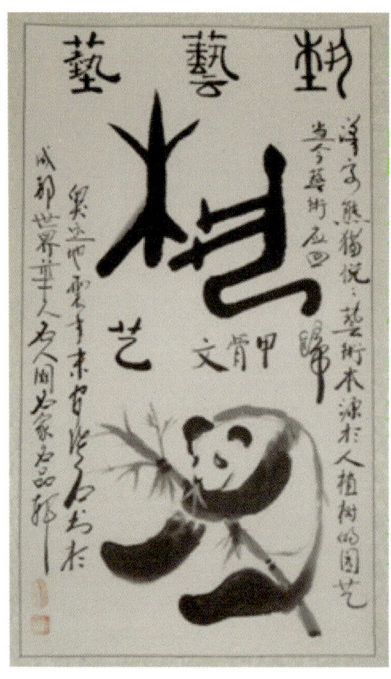 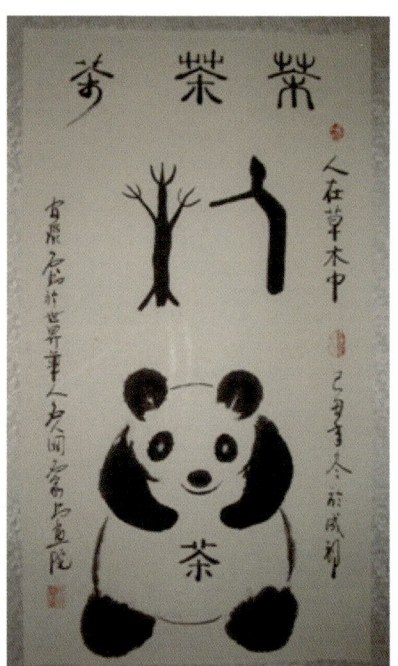

　　<좌> 재주 예(藝): 갑골문에서 볼 수 있듯이 사람이 나무를 가꾸는 원예야
말로 예술의 근원이며 이것이 후에 문예나 공예로 이어진 것이다. 그러나 중국
고전 예술은 시종일관 천인합일 환경보호관을 추구한다.

　　<우> 차나무 다(茶): 사람이 초목에 있을 때 한자 통역경의 천인합일 환경
보호관과 생태 음양평형론을 깨우쳤다.

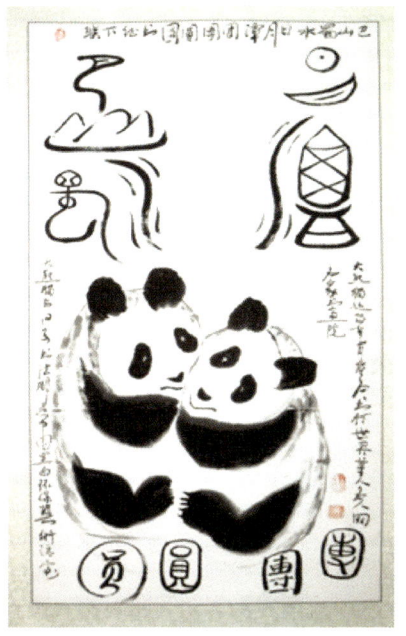 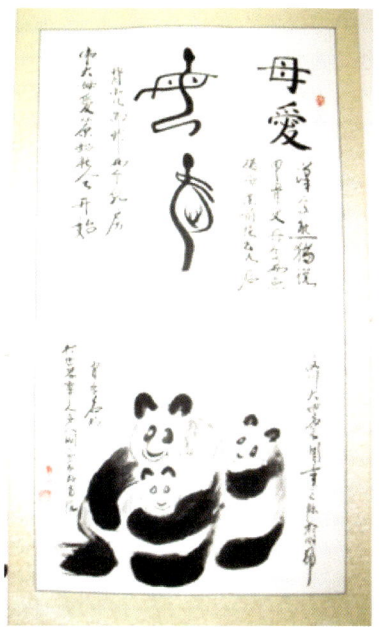

<좌> 단단원원(團團圓圓):26) 사천이 동포인 대만에 보내는 선물.

작품 내용: '사천(四川)일대와 대만의 일월담(日月潭)에서 한데 모여 화목하게 지내자'는 뜻.

<우> 안석은 갑골문 '모(母)'가 여자의 유방을 나타내는 것이 아니라, 모친이 갓 태어난 아이를 앞에 안고 등에는 총애를 받으려는 새끼를 업은 모양임을 발견하였다.

---

26) (옮긴이) 團團圓圓: '한데 모이다'라는 뜻. 사천성(四川省)이 사천에서 태어난 쌍둥이 판다 단단(團團)과 원원(圓圓)을 2010년 초 대만(臺灣)에 선물하였다.

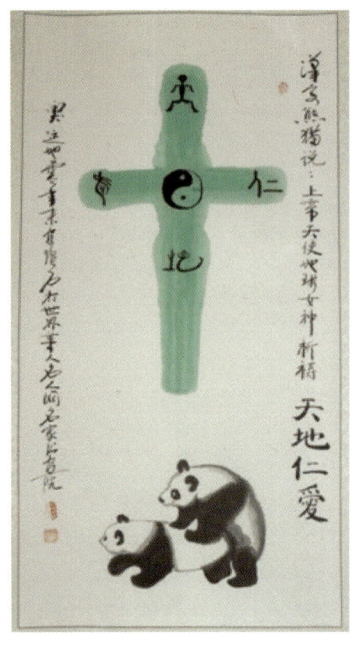 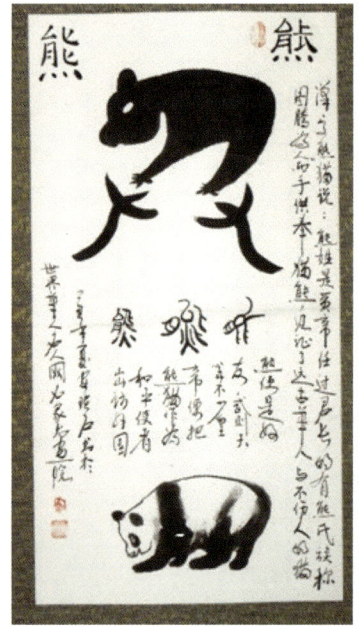

\<좌\> 갑골문 '천지인애(天地仁愛)':

천(天): 사람보다 더 어진 하늘의 하느님을 형상한 것이다.

지(地): 지상에는 나무와 새싹 그리고 벌레와 뱀 등이 살고 있다.

인(仁): 사람은 첫째로 천지환경을 사랑해야 하고, 둘째로 많은 이를 사랑해
야 한다.

애(愛): 임부가 태아를 어루만진다.

\<우\> 웅씨(熊氏)와 판다: 용의 토템은 곰의 토템에서 기원한다. 황제(黃
帝)[27]가 웅씨(熊氏)의 국군이 된 적이 있는데 이것이 오늘날 중국인 웅씨(熊氏)
의 근원이다.

---

27) (옮긴이) 중국의 국가 형성과 관련된 신화에 나오는 삼황오제(三皇五帝) 가운데 하나로 중국을 처음으로 통일한 군주이자
문명의 창시자로 숭배되고 있다.

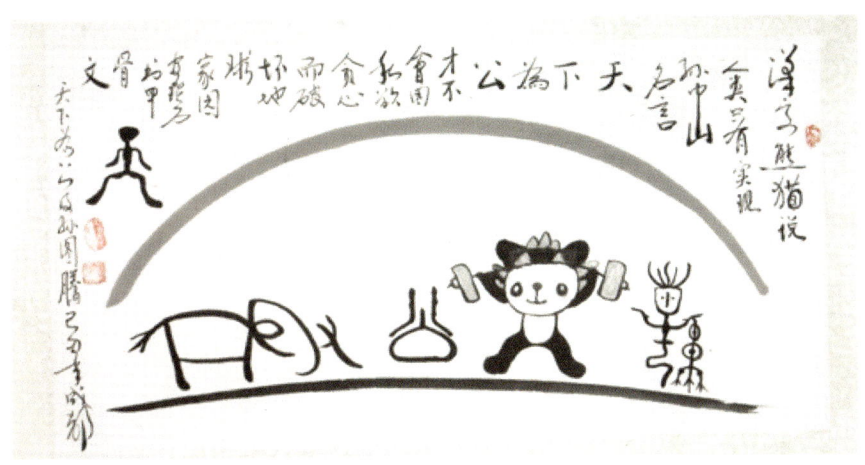

고대 한자: 천하위공(天下爲公).[28]

하늘 천(天): 하느님의 형상.

아래 하(下): 하늘 아래의 대지.

행할 위(爲): 인간이 코끼리를 끄는 모양.

공변될 공(公): 두 사람이 나란히 앉아 있는 모양.

　손중산(孫中山)은 이러한 중국 고대 사상이야말로 박애평등(博愛平等)의 뜻이라 여겼다. 안석은 길은 다르지만 이르는 곳은 같고, 하늘 아래 평등하고, 천일합일하고 하늘 아래 공평하다는 사상으로 2012년 이후에는 세계가 장자 지구촌으로 돌아가기 시작할 것이라고 생각한다. 예를 들면 올림픽의 경쟁, 국제 친환경 자선 사업 등이 바로 그것이다. 손씨(孫氏)의 토템은 바로 갑골문 이전의 그림 문자 '孫'이다.

---

28) (옮긴이) 세상은 만인의 것이라는 뜻.

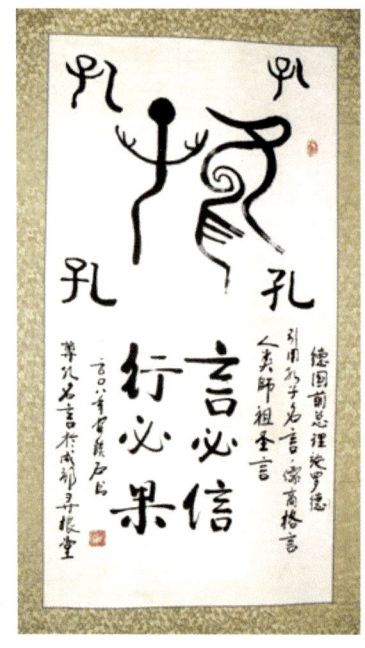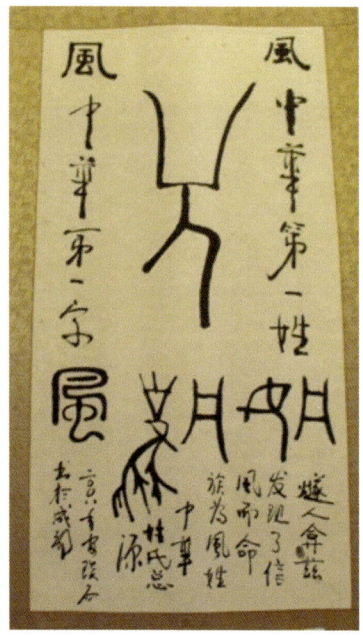

좌 공씨(孔氏) 토템: 아이와 공작새가 서로 어우러지는 모양이 공씨(孔氏)족
의 토템이다. 안석은 족휘(族徽)[29] 토템은 갑골 이전의 그림 문자이며 한자의
근원이라고 주장한다. 전설에서는 복희(伏羲)와 여와(女媧)가 창조하여 이루어
진 것이라고 한다.

우 풍씨(風氏)토템: 불을 발견한 수인씨(燧人氏)의 후대 중에 무역풍을 발견
한 부락의 족휘이다. 이는 한자의 기원이자 한자 성씨의 기원이며 중화민족의
기원이다! 토템에서 보이는 사람머리의 두 개의 깃털은 풍향을 분별하기 위한
것이다. 이로 인해 중국 고전 문예 중에 미후왕(美猴王), 왕후장상의 머리에 깃
털을 꽂는 것 모두 풍씨(風氏)족 전통을 답습하는 것이다. 이 토템은 뼈에 조각

---

29) (옮긴이) 씨족이나 부락을 상징하는 휘장(徽章).

된 것으로 중국 산시성(山西省)에서 출토되었다.

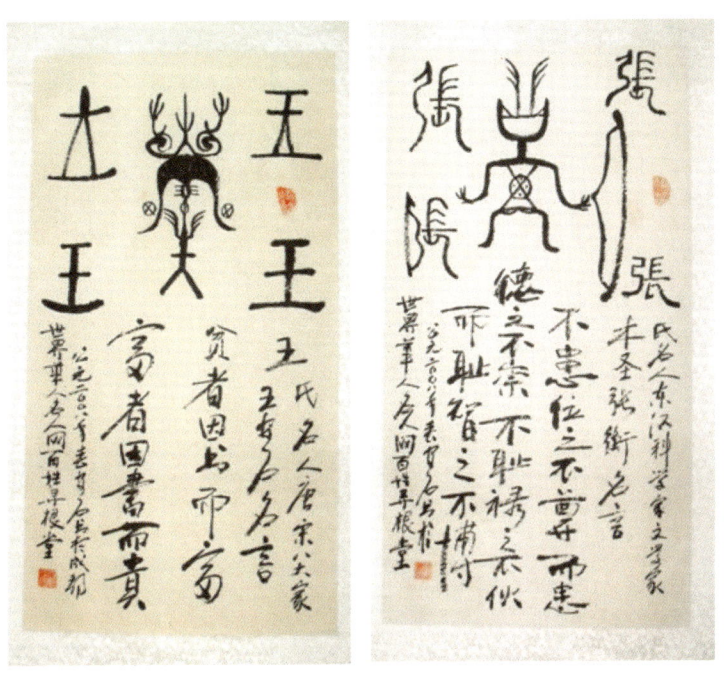

　　<좌> 왕씨(王氏) 토템: 왕의 머리에 씌우는 왕관에는 깃털이 있다.
　　<우> 장씨(張氏) 토템: 장씨(張氏)의 우두머리의 머리 위에도 깃털이 있
는데 이는 모두 풍씨(風氏) 후대라는 것이다. 삼재(三才)30)와 통하는 우두머
리가 왕이 되도록 하고 활을 발명한 자의 후대를 장씨(張氏) 성으로 하였다.

---

30) (옮긴이) 천·지·인. 하늘과 땅과 사람을 말한다.

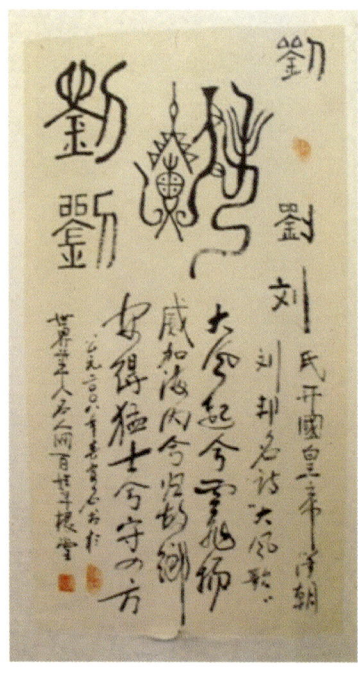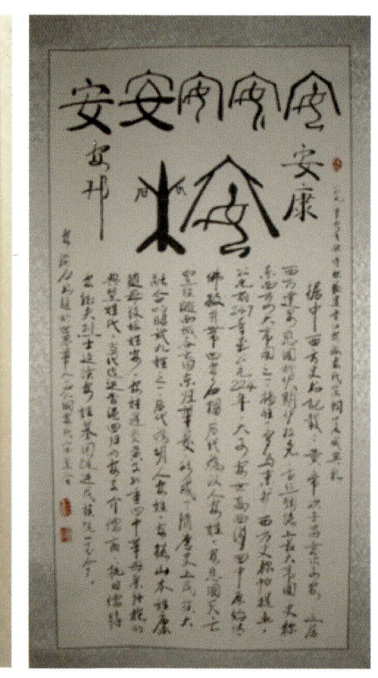

<좌> 유씨(劉氏) 토템: 풍씨(風氏)의 후대인 염제(炎帝)[31] 부락 중 춘분(春分)[32]을 발견하고, 밭을 갈거나 파종하는 데에 도움이 되도록 한 자의 후대이다. 후에 로마시대 때 한(漢)나라를 세웠다.[33]

<우> 안씨(安氏) 토템: 역사 기록에 의하면 황제가 창의(昌意)를 낳았고, 그의 둘째 아들이 안(安)이며, 서쪽에 거주하며 안식국(安息國)[34]을 세웠다. 한(漢)나라 때, 태자 안세고(安世高)가 중원(中原)으로 돌아와 불교를 전파하기 시작

---

31) (옮긴이) 중국 고대의 불의 신. 여름을 맡은 신으로 때로는 태양신(태양신)이라 하여 신농(神農)과 동일시하기도 하였다.

32) (옮긴이) 춘분. 태양이 춘분점에 이르러 적도 위를 직사하며 밤과 낮의 길이가 거의 같게 되는 절기로 양력 3월 20~22일 전후이다.

33) (옮긴이) 유방(劉邦)이 한(漢)나라를 세운 것을 말한다.

34) (옮긴이) 중국 한(漢)나라 때에 서아시아에 있던 파르티아 왕국을 부르던 이름이다.

하였고 안석류(安石榴) 나무를 가지고 들어왔는데 그 후대를 한씨(漢氏) 안(安)이라 하였다. 수당(隋唐)시기에 일찍이 로마의 동쪽 정벌을 막아 낸 안식국이 페르시아 제국에 의해 멸망한 후 중국으로 이주한 자들이 호인(胡人)[35] 안씨(安氏)가 되었다. 안씨(安氏)의 족보는 중국사, 서양사가 서로 일치하며, 이것은 한자 성씨(姓氏)가 중국문화의 연속선임을 설명한다. 또한 자신의 유전자를 천만 년 전의 근원까지 찾아낼 수 있는데 이 모든 것이 한자의 공로이다.

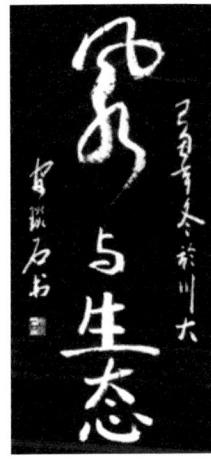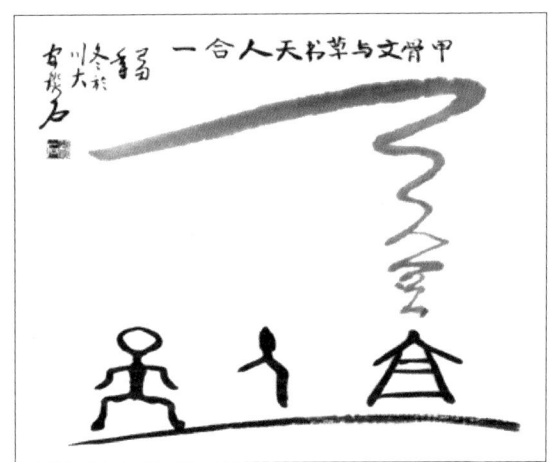

중국과 서양의 문화 상통점(相通点): 중국 고대의 역경풍수학(易經風水學)과 서양의 생태환경학은 비슷하다. 중국의 천인합일관(天人合一觀)은 곧 인간과 천지환경이 조화로워야 한다는 환경보호관이다. 인류는 일찍이 생태환경과 인간의 운명을 연관시켰으며 이는 오늘날의 발전된 생태윤리학과 생태심리학의 범주에도 속한다. 아래의 그림은 한 폭의 원고(遠古) 생태환경을 표현한 것으

---

35) (옮긴이) 만주인. 고대 중국의 북방이나 서방의 이민족을 일컫는 말.

로 삼재(三才)의 조화 의상미를 나타내며 갑골문, 금문(金文)으로 구성되었다.
이 교재를 다 배운 후에는 쉽게 알아볼 수 있다.

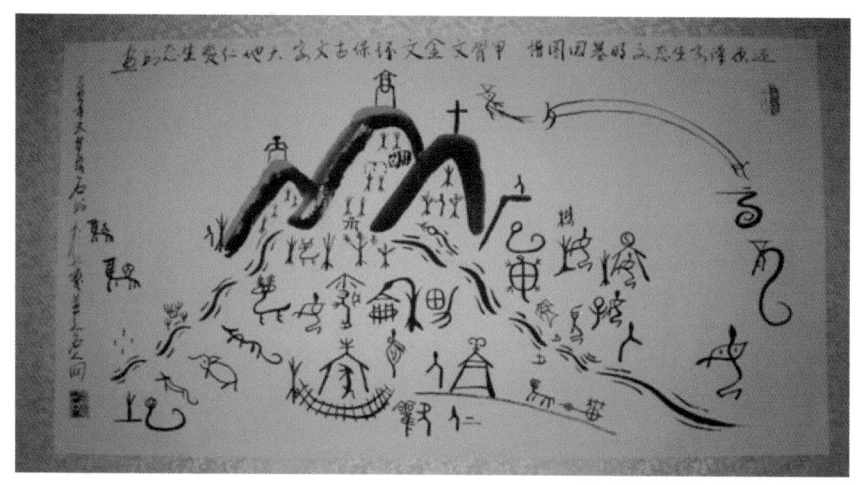

숙제:

1. 다음 수업의 준비물을 준비하세요.

　　1) 문방사우(붓, 먹, 화선지, 벼루)

　　2) 서화 모포

　　3) 붓발

2. 인터넷 검색을 통하여 피카소와 미로의 추상화 중 한자서법의 요소를 지
　 닌 작품을 감상 및 이해해 보자.

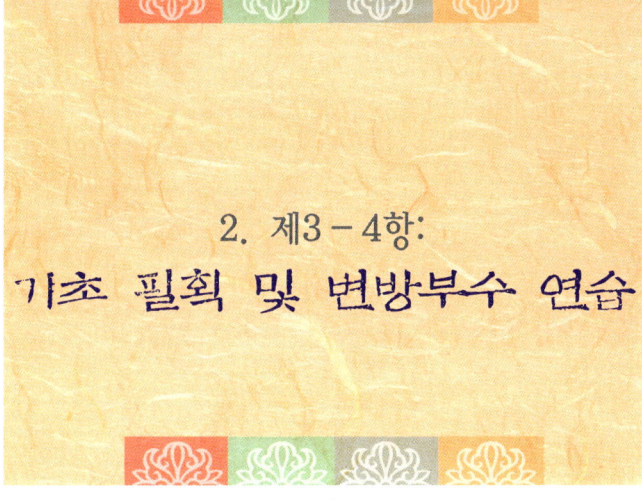

人大天夫永
一二三王主
丶一丨丿乀

한자는 가장 기본적으로 점(点), 횡(橫), 수(竪), 별(撇)[36], 날(捺)[37]로 끊임없이 변화하는 한자서법 예술을 구성한다.

一: 천지(天地)가 열린다.

二: 위는 하늘이고 아래는 곧 땅이다.

三[38] 하늘과 땅 사이에 사람이 많아진다. 곧 삼재가 만물(萬物)을 생성한 것이다.

王: 하늘과 땅과 인간을 연결하는 자가 곧 왕이다.

主: 조물주가 삼재의 왕을 주재(主宰)한다.[39]

원고(遠古) 인류가 하늘을 우러르고 땅을 굽어보며 사람을 공평하게 보는 것이 한자이며 고대 중국인은 도법자연(道法自然)의 법에 따라 삼재(三才)만물 의 상미를 담아 표의문자를 창조하였다.

---

36) (옮긴이) 오른쪽으로 삐침.

37) (옮긴이) 왼쪽으로 삐침.

38) '三' 자는 비록 세 획에 불과하지만 그것은 만물을 낳게 한 근본이다. 노자도 삼생만물(三生萬物)라 하였다. 우주를 구성한 기본 요소가 바로 하늘과 땅과 사람이라고 간주한 것이다. 『중국 고대문화』, 이돈주, 태학사, 2006.

39) 『예기』에 '천하에 군림하는 임금을 천자라고 한다(君天下曰天子)'라고 한 바와 같이 고대인들은 군권(君權)은 천신(天神)이 수여한 것이고, 제왕은 하늘의 뜻을 받아 백성을 다스리는 사람이라고 생각하였다. 『중국 고대 문화』, 이돈주 편저. 태학사, 2006.

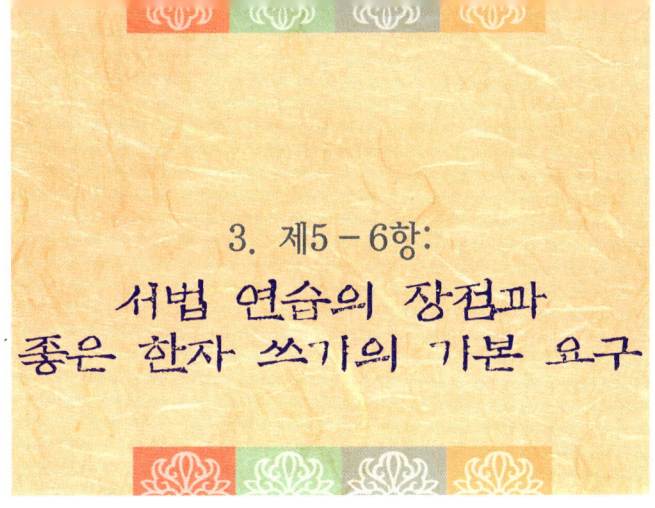

3. 제5-6항:

서법 연습의 장점과
좋은 한자 쓰기의 기본 요구

작품 연습

書法長壽,[40] 字如其人,[41] 實用藝術,[42] 筆紙人正.[43]

书法长寿　字如其人　实用艺术　笔纸人正

---

40) (옮긴이) 서법장수.

41) (옮긴이) 글자는 그 사람과 같다.

42) (옮긴이) 실용예술.

43) (옮긴이) 붓은 곧고 사람도 바르다.

학생은 연습을 통하여 서법 연습의 장점을 체험한다:

서법장수(書法長壽): 서법연습은 마음, 가슴, 손 그리고 붓의 움직임이 결합한 종이 위의 태극 공부(功夫) 운동[44]과도 같아서 마음을 맑게 하고 심리불안을 막으며, 근육과 뼈를 이완시키고, 인격을 수양하여 장수할 수 있다. 또 사람으로 하여금 두뇌회전을 빠르게 하고 손재주를 좋게 하며 주의력을 높여 줄 수 있으며 몸과 마음에 물리치료를 하는 것과 같다.

따라서 많은 전문가들 중 서법가들이 명이 가장 길며 우울증, 파킨슨병, 혈관 경화, 노년성 치매 등의 많은 병을 예방할 수 있는 것이다.

자여기인(字如其人): 학생들은 같은 교재를 사용하고, 같은 교수님의 가르침을 받지만 각 학생들이 써 낸 한자서법의 스타일은 각각 다르다. 그 서법 작품은 각기 그 사람 성격의 특징을 반영함으로, 우리가 쓴 한자서법은 우리의 개성을 나타내는 인격의 표식과도 같다.

실용예술(實用藝術): 한자서법을 배워 할 줄 안다는 것은 한자 중국어의 일문의 기예를 배운 것이라 평생 잊을 수 없다. 또 붓을 휘둘러 광고문을 쓸 수 있고 예술품도 창작할 수 있기에 실용적이면서도 예술적이라 할 수 있다.

필지인정(筆紙人正): 사람이 바르게 서 있거나 앉으려면 붓을 바르게 쥐어야 하며, 종이 또한 바르게 놓아야 한다. 이렇게 쓴 글자라야 삐뚤지 않으며 평형하고 안정하다.

---

44) (옮긴이) 중국 무술 운동. 대련(對聯)용이기보다는 심신을 단련하는 운동용 무술이다.

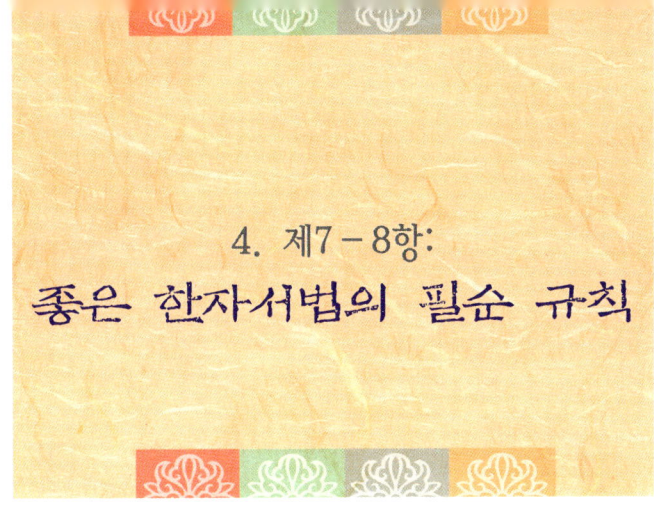

4. 제7-8항:
좋은 한자서법의 필순 규칙

왼쪽에서 오른쪽으로 쓰기: 川, 礼

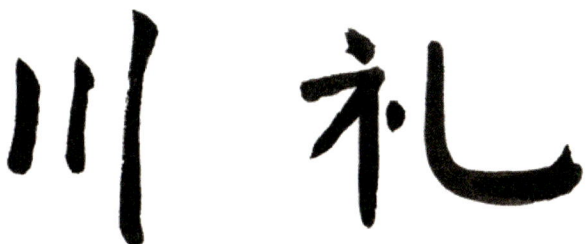

위에서 아래로 쓰기: 三, 竟

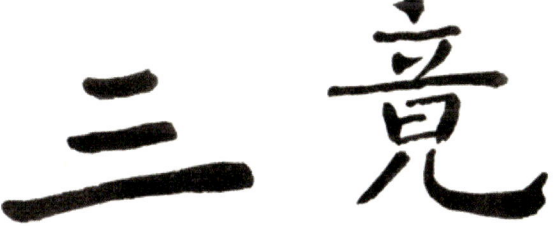

먼저 가로를 쓴 후 세로로 쓰기: 十, 干

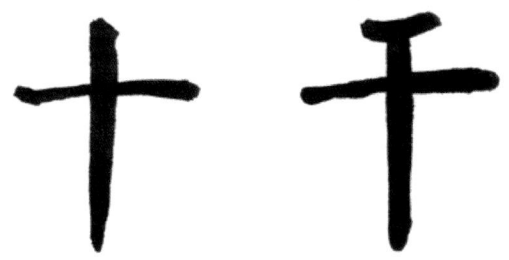

왼쪽 삐침을 먼저 쓴 후 오른쪽 삐침 쓰기: 八, 文

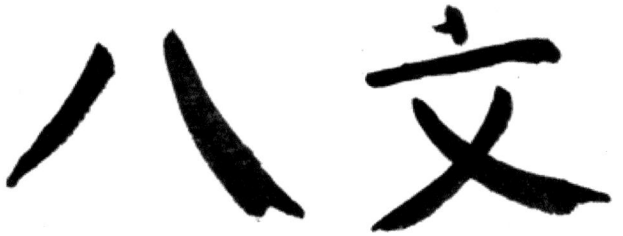

먼저 가로로 쓴 후 왼쪽 삐침 쓰기: 有, 左

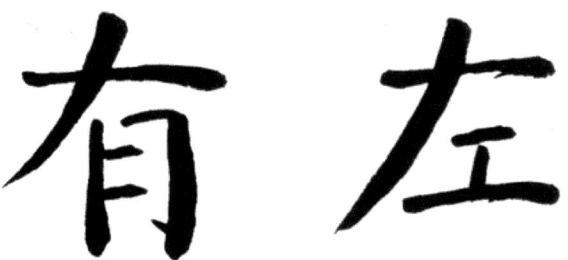

밖에서 안으로 쓴 후 문 닫기 : 囚, 回

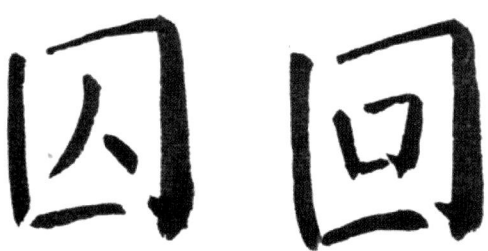

먼저 중간을 쓴 후 양변 쓰기: 永, 辦

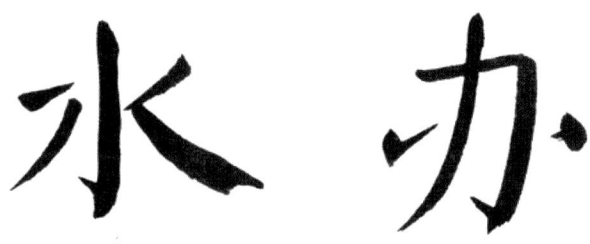

위에 점이나 왼쪽 윗부분의 점을 먼저 쓰기: 立, 頭

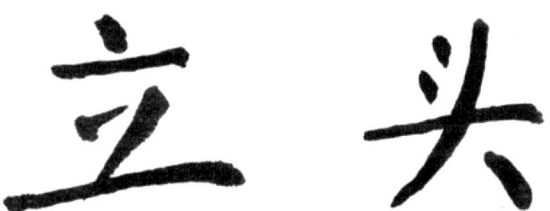

오른쪽 윗부분의 점과 안쪽의 점은 나중에 쓰기: 戈, 瓦

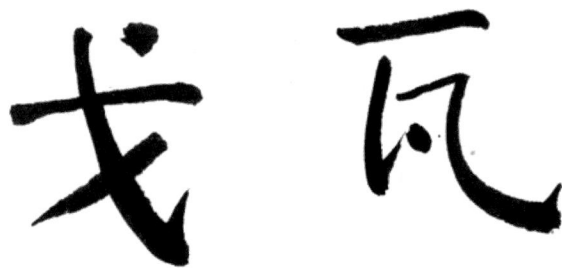

부수 책받침과 길게 걸을 인은 마지막에 쓰기: 遲, 建

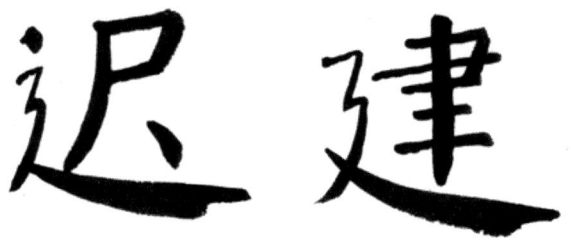

테의 머리를 먼저 쓰고 안을 채워 쓴 후 다시 세로로 내렸다가 꺾어 쓰기:
匠, 匪

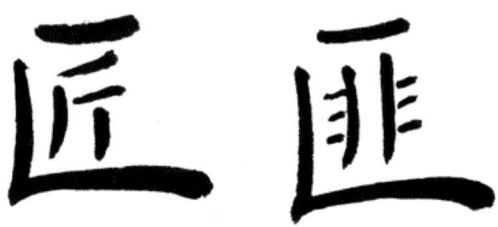

안에서 밖으로 쓰기: 凶, 函

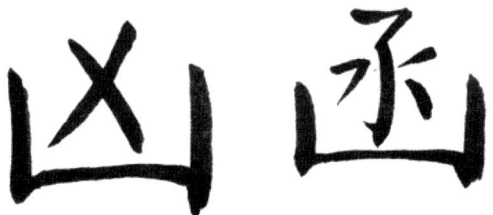

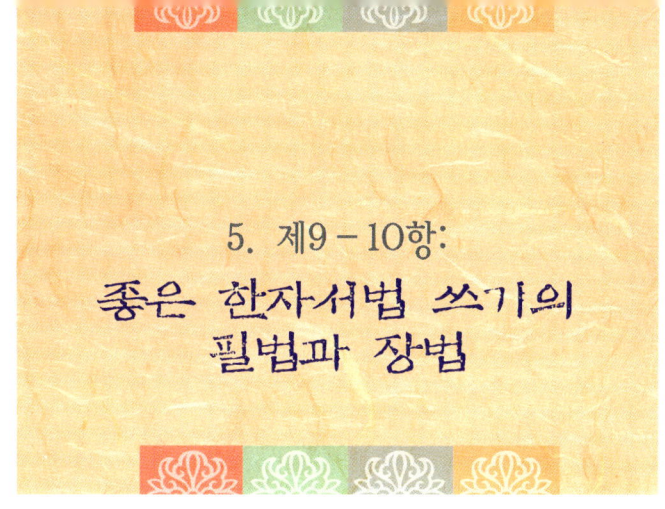

5. 제9-10항: 좋은 한자서법 쓰기의 필법과 장법

필법(筆法)(매 글자의 쓰는 방법): 가로는 가볍게 세로는 무겁게, 왼쪽은 좁게 오른쪽은 여유 있게, 위는 좁게 아래는 넓게 쓰며 중심은 안정되게 한다.

장법(章法)(매 글자의 폭을 구성하는 방법): 구조가 평형하고 주제는 돋보이게 하며, 간격은 균일하게, 낙관을 찍을 자리를 넉넉히 준비해야 한다.

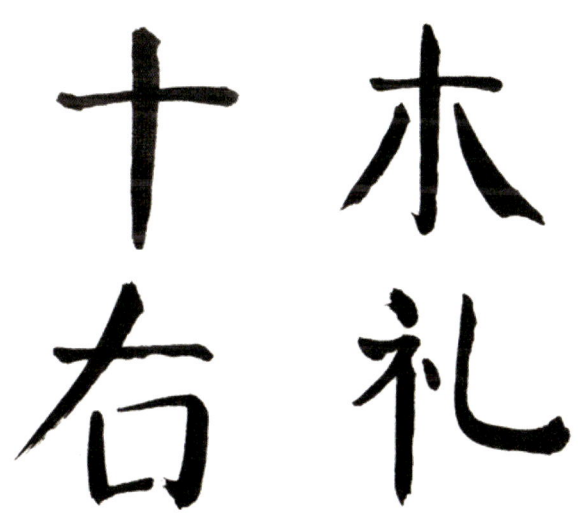

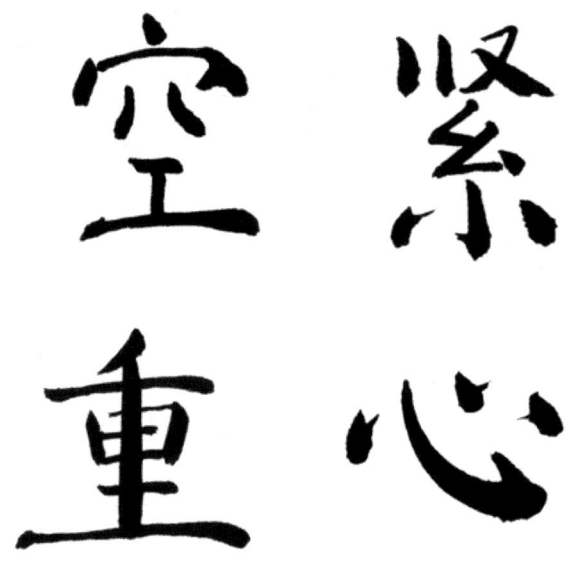

장법에 주의하고 <1. 제1−2항>의 서법작품을 참고하세요.

서법연습을 통해 서도(書道)[45]를 깨닫는다.

(1) 한자 통역경과 한자서법은 태극검법(太極劍法)[46]과 상통한다. 서법 연습
   은 태극검법(太極劍法) 연습과도 같다.

(2) 서법의 개념은 기공(氣功)[47] 개념과 같다. 마치 기공(氣功) 훈련과 같이
   주의력을 모두 붓끝에 모아 마음속의 뜻을 붓으로 종이 위에 휘두르는
   운동이다. 마치 모래 위에 자국을 남기듯 온 주의력을 붓끝에 모아야 한

---

45) (옮긴이) 글자를 쓰는 방법.

46) (옮긴이) 검(劍)을 무기로 삼은 일종의 무공(武功)이다. 태극검은 태극권운동(太極拳運動)의 한 중요한 내용이다.

47) (옮긴이) 단전(丹田)호흡. 기를 다스리는 수련.

다. 붓이 닿는 곳에 마음을 다해 뜻을 이뤄 낸다.

(3) 붓이 지나가는 자리는 먹춤의 음율이다. 서법을 쓸 때에는 빠름과 느림, 움직임과 정적임, 가늘고 굵음의 조화가 있어야 한다.

(4) 서법은 많이 보고 연습하며, 핵심을 파악하여 즐겁게 쓰다 보면 하늘도 보답할 것이라는 것이 성공의 비결이다.

왜 이렇게 필법과 장법을 중시하는가?

인류는 하늘을 우러르고 땅을 굽어보며 사람을 평등하게 보는 도법자연(道法自然)의 규칙에 따라 한자를 창조하였으므로 한자를 쓰는 서법 예술의 도(道) 또한 이와 같다. 예를 들면 한자는 사람의 신체나 나무와 같아 가로는 가볍고 세로는 무겁게 써야 한다. 사람의 몸통과 나무줄기는 굵고 무거운 반면 가로로 난 손과 가지는 가늘고 가벼운 것이다. 글자가 한쪽으로 치우치지 않고자 한다면 반드시 사람과 같이 중심이 안정되어야 한다. 사람이 서 있는 것 같은 해서(楷書)이든, 걷는 것과 같은 행서(行書)이든 혹은 하늘을 나는 것 같은 초서(草書)이든 간에 그 사람(한자)은 안정되게 서 있어야 하며 치우쳐 삐뚤거나 넘어지면 안 된다. 필획이 많으면 글자를 작고 가늘게, 필획이 적으면 크고 굵게 써야 작은 글씨가 일관되게 보이고 전체적으로 평형하며 밀도가 균일해 보이는 시각효과가 있다.

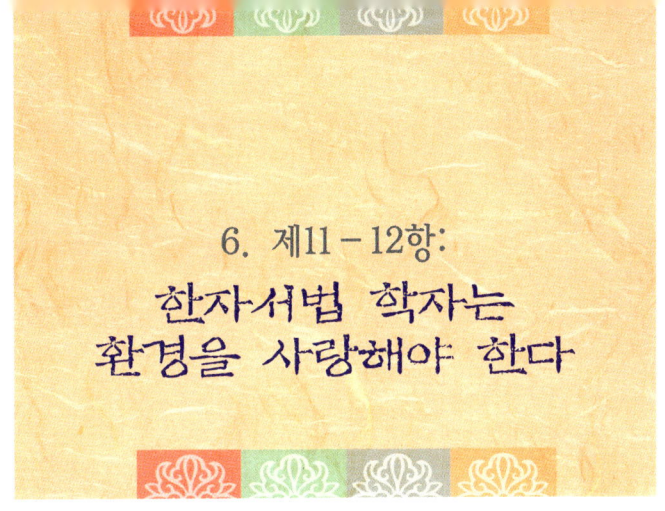

6. 제11-12항:
한자서법 학자는
환경을 사랑해야 한다

-한자서법 중 생태문명 기인

해서(楷書)를 연습하여 기초를 다진다. 갑골문, 금문(金文)의 연습은 이후 행초(行草)필법에 도움이 되며 한자를 익히는 데도 좋다.

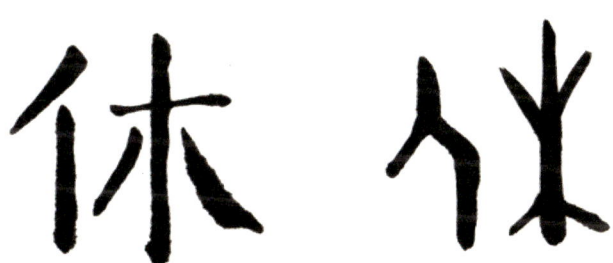

休(쉴 휴): 사람은 수목에 의지해야 비로소 휴식을 취할 수 있다는 것이 중국인이 처음 인식한 사람과 수목의 관계이며, 이는 환경을 보호하고자 했다는 증거이다.

앞의 제1장1-2항에서 환(歡), 해(海), 예(藝), 차(茶)등의 해서 및 고대문자를 연습하세요.

歡(기뻐할 환): 오른쪽의 입을 크게 벌리고 있는 사람이 왼쪽의 새와 놀고 있는 모습이 '환(歡)'이다. 인류는 새가 있어야 즐겁다는 것이며, 이는 중국이 예부터 조류를 좋아했다는 증거이다.

海(바다 해): 강물이 한데 모여 이루어진 바다는 인류의 어머니라는 것이 초기에 중국인이 인식한 '바다'이다. 중국이 오래전부터 바다를 애호(愛護)했다는 증거이다.

藝(재주 예): 사람이 수목을 재배하는 원예(園藝)는 예술의 근원이며, 예술의 아름다움의 기준은 사람과 자연이 조화를 이루어져 생기는 아름다움으로 맞추어야 한다.

茶(차나무 차): 사람이 차나무 밭에 있으며 수목의 작은 새싹을 뜯어서 음용(飮用)하고, 천인합일의 차문화를 즐기는 모양이다.

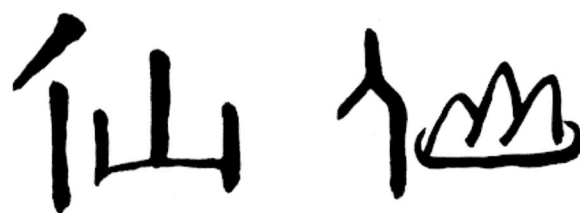

仙(신선 선): 사람이 산과 조화로우면 신선이 될 수 있다. 천인합일이며 그 모습이 시나 그림처럼 아름답다.

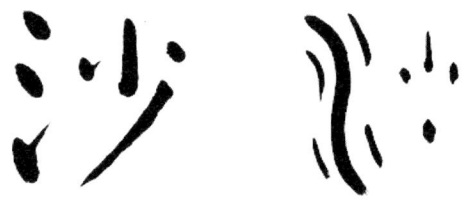

沙(모래 사): 물이 적으면(서너 방울의 비) 대지는 사막화될 것이다.

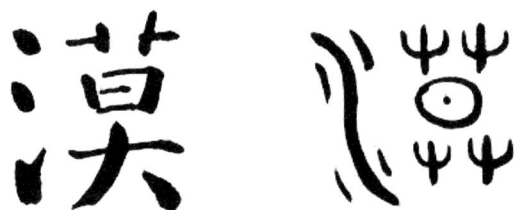

漠(사막 막): 물이 없다면(없을 막莫) 대지가 황량한 사막으로 변할 것이다.

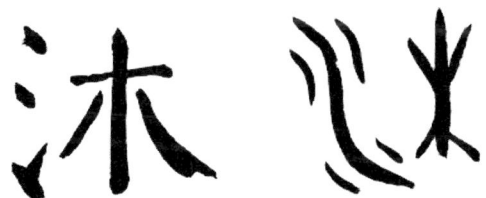

沐(머리 감을 목): 물과 나무. 역경(易經)에서는 물과 나무의 상생(相生)[48]은

길조이며 물이 있는 곳에 나무가 있고, 나무가 있는 곳에 물이 있다. 때문에 이를 풍수수(風水樹)라고 한다.

禁(금할 금): 산신령에게 제사를 지내고 함부로 벌목하지 아니하며 바람과 물 그리고 나무를 보호한다. 이것이 인류 최초의 생태윤리학이다.

삼림목십(森林木十): 나무가 가장 많은 것은 '삼(森)'림이며, 벌목되어 감소한 것은 산'림(林)'이고, 다시 산림이 훼손되면 '수(樹)'목만 남게 된다. 다시 풍수수(風水樹)를 베어 버리면 천인(天人)이 감응(感應)하여, 인류는 생태심리에 위기감을 느끼고 마음이 불안하고 안정되지 않으며 수십 개의 갈래에 놓인 듯 어

---

48) (옮긴이) 음양오행설에서, 금(金)은 수(水)와, 수는 목(木)과, 목은 화(火)와, 화는 토(土)와, 토는 금(金)과 조화를 이룰 수 있다는 말.

디로 가야 할지 모르게 된다. 인류의 가장 오래된 문명 중 왜 중화문명만이 오늘까지 이어져 내려올까? 안석의 연구는 한자 중의 생태문명 기인이 한자 속에서 없어지지 않고 계속되는 것을 발견하였다. 고대 이집트는 나일 강 양변의 산림을 모두 벌목하여 오래된 피라미드의 분묘를 수리함으로써 결국 그 문명이 사막에 매장되어 버렸으며, 고대 바빌론[49] 왕국은 고대 서아시아 두 강 유역의 삼림을 벌목하여 성보를 수리함으로써 결과적으로 고대 서아시아 도시문명과 벌채된 수목이 함께 서아시아의 사막에 묻혀 버리고 말았다. 만일 옛 중국 또한 이 두 개의 문명과 같이 황하와 양자강(揚子江) 양안의 삼림을 마구 벌목을 해 버렸다면, 황사, 홍수, 토사류 등의 천재(天災)가 끊임없이 이어져 한무대제(漢武大帝)의 큰 능력이라 하더라도 북방의 흉노(匈奴)를 물리치기 어려웠을 것이며, 중화문명 또한 일찌감치 황하 양안의 사막에 묻혀 버렸을 것이다. 역사의 당시, 중화(中華)대지는 사람과 자연이 서로 조화를 이루는 천인합일이었으며, 바람은 조화롭고 비는 순조로워서 천하 곡물 지대의 보배의 땅이 되었다. 한무대제는 충분한 군량과 마초(馬草)를 준비하여 흉노를 유럽으로 쫓아내었다. 중국인은 역대로 천인합일의 환경보호관, 산수시화(山水詩畵), 거가풍수관(居家風水觀), 중국 의학의 천인감응관(天人感應觀), 역경운명관을 추구하며 역경풍수는 인류 최초의 생태논리학이며 생태심리학이다. 나무를 심고, 풍수림(風水林)을 조성하여 지구촌의 삼림 풍수대(風水帶)를 보호하였으며, 이는 한자 서법의 생태문명 유전자가 인류에게 전해 준 복음과 같다. 만약 제멋대로 삼림과 수목을 벌채하였다면 지구촌의 풍수를 파손시켰을 것이며, 우리들의 지구는 천재(天災)가 끊이지 않고, 인류의 운명은 천인불합(天人不合)으로 인하여 불길한 흉(凶)이 되었을 것이다. 역경(易經)에서 금(金)은 목(木)과 극(克)하여 흉

---

49) (옮긴이) 고대 바빌로니아의 수도. 유적은 이라크의 바그다드 남쪽 약 110㎞ 지점인 유프라테스 강변에 있다.

(凶)이고, 수(水)는 목(木)과 생(生)하여 길(吉)이다. 이러한 인간과 수목의 길흉 관계는 고대 중국인의 운명관에 깊게 파고들었다. 이 때문에 고대 중국에서 도로를 수리할 때 나무를 베게 되었다면 반드시 다시 나무를 심어서 풍수를 회복하였다. 진(秦)나라는 이미 이를 국가의 입법체계로 세웠다. 백성들 또한 교량과 도로를 수리할 때 나무를 심는 것을 선행과 덕을 쌓는 것으로 삼았으며, 풍수를 바꾸는 것이 운명을 바꿀 수 있는 좋은 방법이라 생각하였다. 왜 중화문명은 이러하였을까? 그것은 문화의 근맥(根脉)인 한자가 바로 이렇기 때문이다!

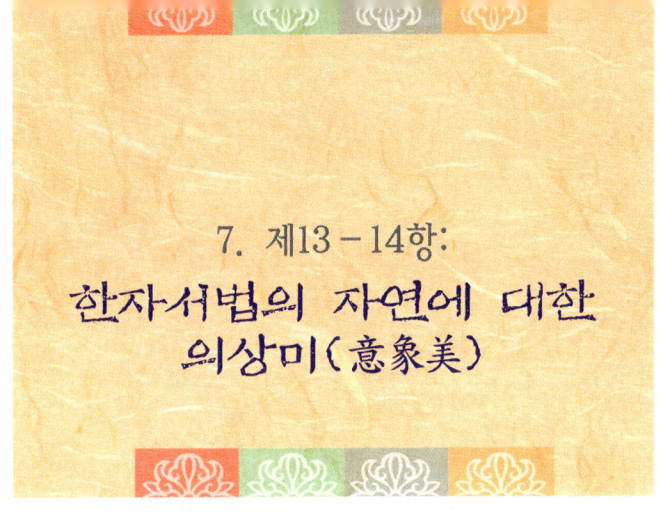

7. 제13-14항:
한자서법의 자연에 대한
의상미(意象美)

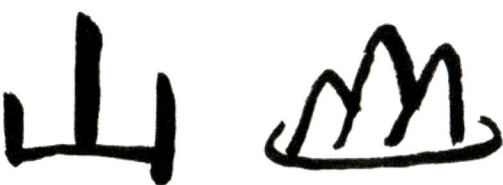

山(뫼 산): 세 산이 겹친 모양, 형성자.

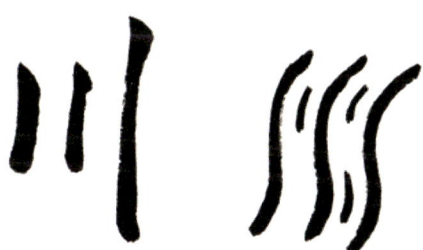

川(내 천): 하류, 상형자.

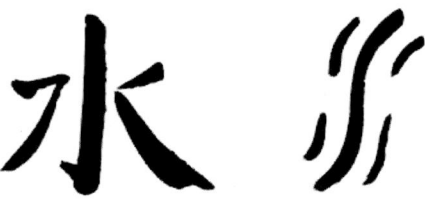

水(물 수): 물이 흐르는 모양, 상형자.

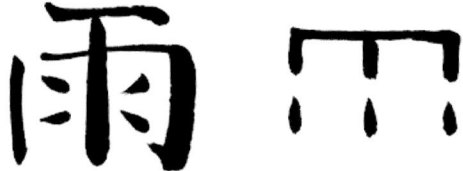

雨(비 우): 하늘에서 비가 내리는 모양, 상형자.

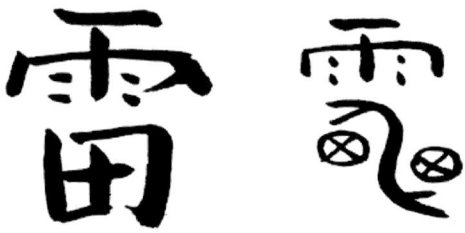

雷(천둥 뢰): 하늘에서 비가 내리고, 번개가 치고, 천둥이 치는 모습, 상형회의자.

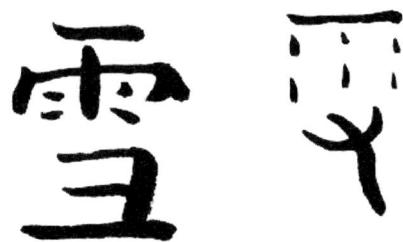

雪(눈 설): 인간이 손으로 하늘에서 흩날리는 눈을 받아 내는 모양.

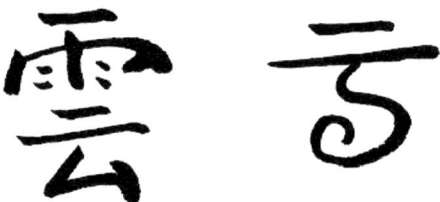

云(구름 운): 하늘에 구름덩어리를 형상.

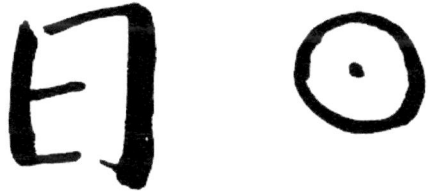

日(날 일): 고대 인류가 곤충의 날개를 이용하여 태양을 관찰했는데 이때 태양의 흑점을 발견하였다.

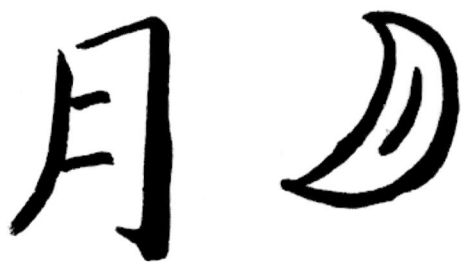

月(달 월): 구불구불한 달의 빛을 형상.

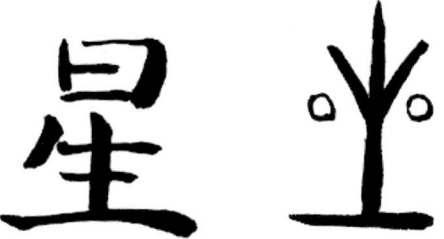

星(별 성): 나뭇가지 위에 반짝이는 별의 모습을 형상.

본 교재 속표지의 사진을 감상하세요.

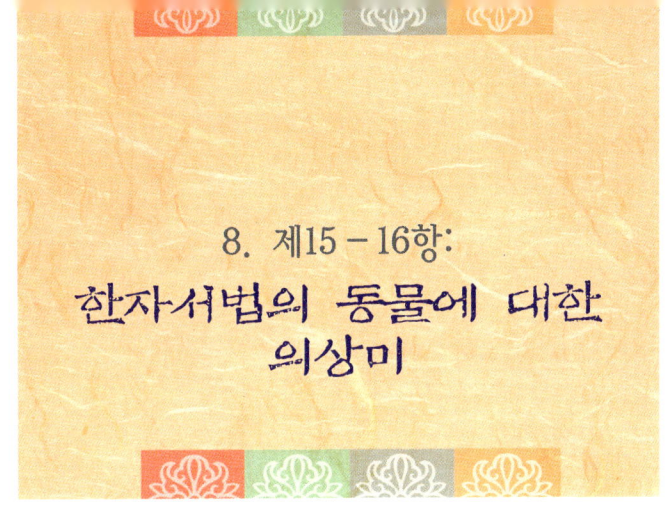

8. 제15 – 16항:
한자서법의 동물에 대한 의상미

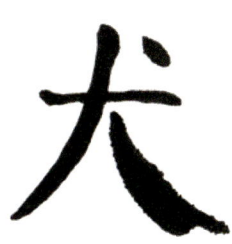 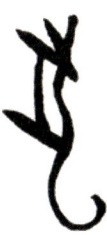

犬(개 견): 개가 달리는 모습의 의상.

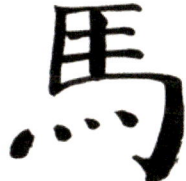 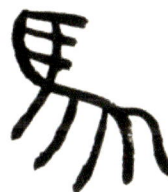

馬(말 마): 네 다리, 꼬리, 갈기를 가진 말의 의상.

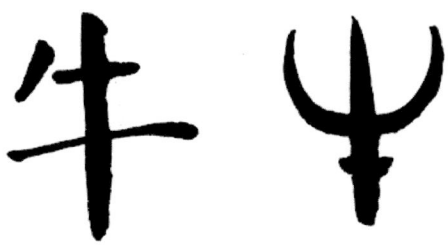

牛(소 우): 사람이 생각하는 소의 의상, 정면에서 뚜렷하게 소의 뿔과 큰 눈을 볼 수 있다.

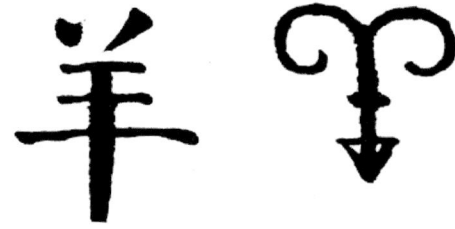

羊(양 양): 구불구불한 뿔이 아래로 향해 있는 것은 양의 특징이다.

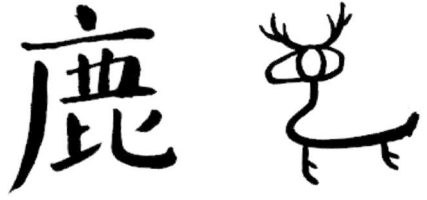

鹿(사슴 록): 아주 빠르게 달릴 수 있는 것은 사슴이다.

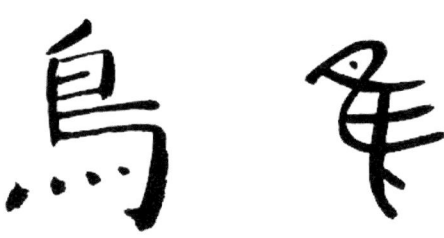

鳥(새 조): 날개를 활짝 펴고 비상하는 새의 의상.

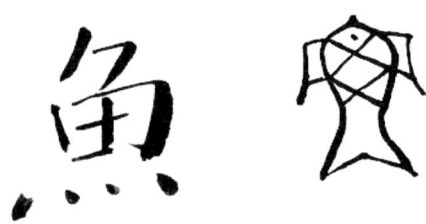

魚(물고기 어): 물고기의 비늘과 지느러미는 물고기의 특징이다.

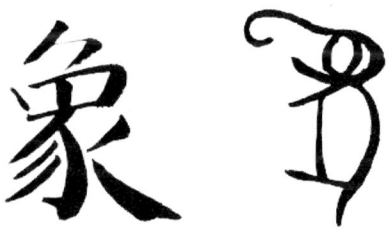

象(코끼리 상): 긴 코는 사람들이 머릿속에서 그리는 코끼리의 의상이다.

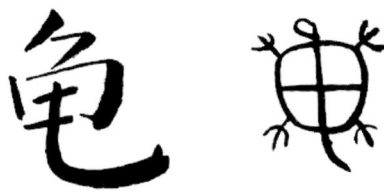

龜(거북이 귀): 밭 전(田)자 모양의 거북이 등은 인간이 생각하는 거북의 의상이다.

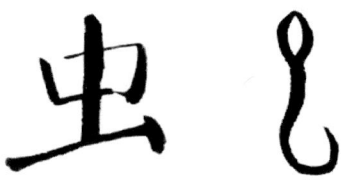

虫(벌레 충): 곤충과 뱀은 인간이 아닌 다른 기타 동물이다.

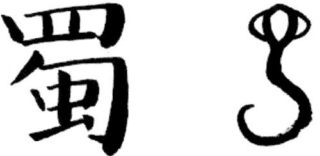

蜀(나라이름 촉):[50] 누에를 제일 처음 기른 나라는 바로 촉(蜀)나라 이다. 고대한자 '蜀'은 역사적 사실과 맞으며 오늘날 중국의 사천(四川)을 뜻하는 한자다.

---

50) (옮긴이) 221년~263년 중국 삼국시대 때 유비(劉備)가 지금의 사천성(四川省)에 세운 나라

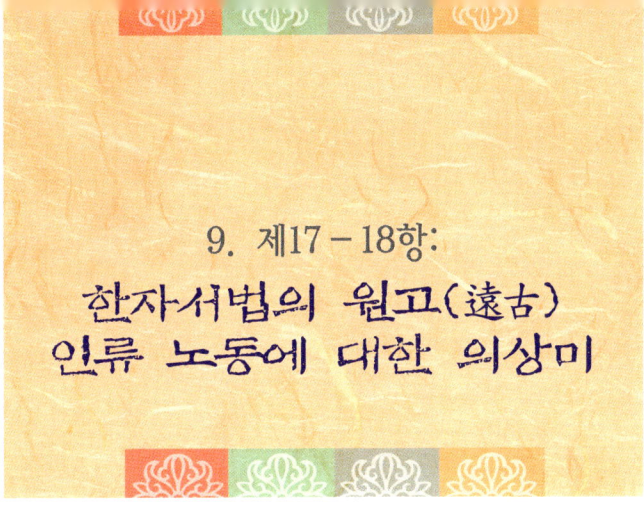

9. 제17－18항:
한자서법의 원고(遠古)
인류 노동에 대한 의상미

爭(다툴 쟁): 두 사람이 손으로 한 물건을 빼앗으려 다투고 있다.

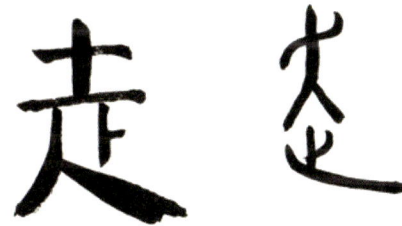

走(달릴 주): 사람이 길을 걷는 모습을 형상.

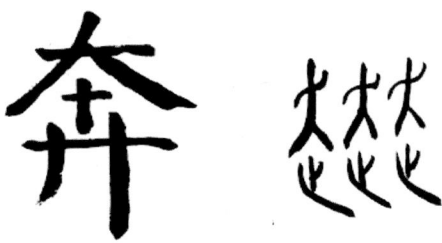

奔(달릴 분): 많은 사람이 경주하며 빨리 달리는 모양.51)

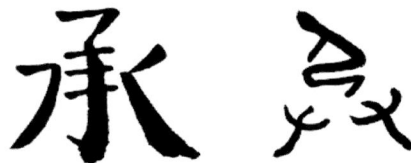

承(받을 승): 두 사람이 손으로 한 사람을 받쳐 드는 모양으로 '받아들인다' 라는 의미이다. 갑골문과 금문(金文)은 '도울 승丞'과 같은 문자이다.

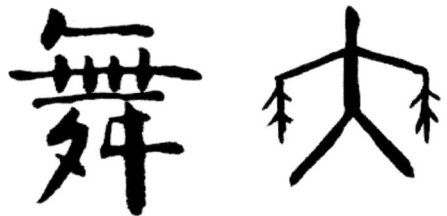

舞(춤 무): 풍작을 한 사람이 양손 가득히 먹을 것을 들고, 모두를 향해 즐거워하며 춤추고 있는 모양으로 이는 춤의 근원이다.

---

51) (옮긴이) 중국에서 숫자 '3'은 수가 많음을 뜻한다.

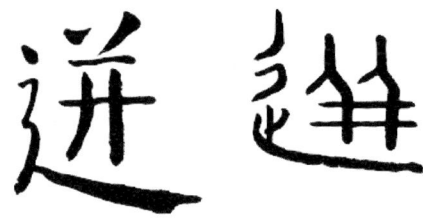

進(나아갈 진): 두 사람이 한데 묶여 함께 걷는 모양.

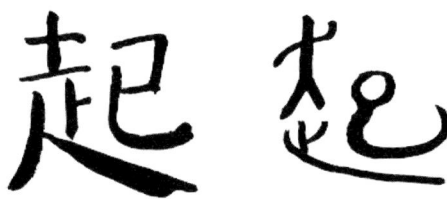

起(일어설 기): 길을 걷던 사람이 뱀이 머리를 치켜드는 모습을 보는 모양.

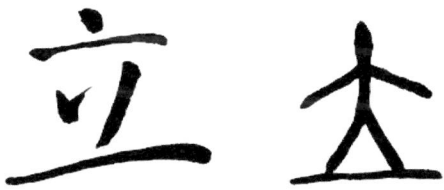

立(설 립): 두 팔을 활짝 벌린 사람이 길 위에 서 있는 모양.

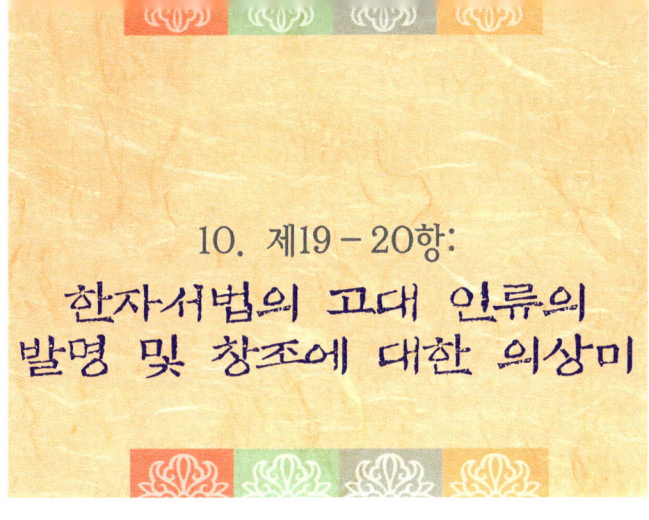

10. 제19 – 20항:
한자서법의 고대 인류의
발명 및 창조에 대한 의상미

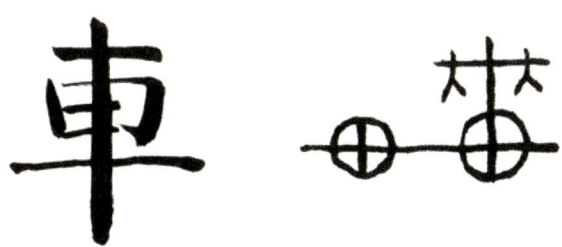

車(수레 차): 갑골문 '車'는 인류 역사상 가장 이른 차에 대한 기록이다.

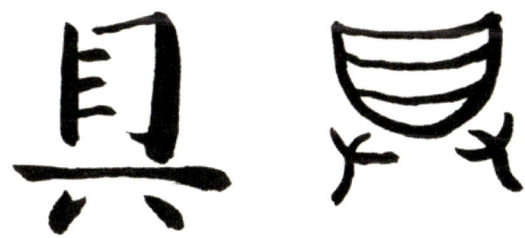

具(갖출 구): 사람이 사용하는 용구.

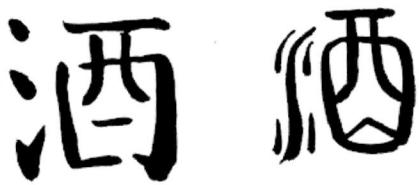

酒(술 주): 둥근 용기 안에 보존되어 있는 것은 보통 물이 아니라 술이었다.

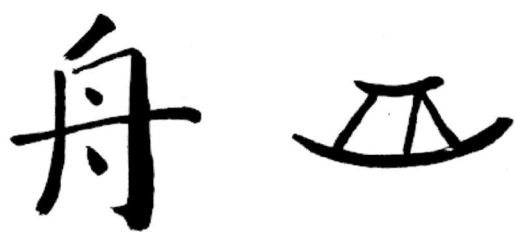

舟(배 주): 오늘날 까지 인류가 배에 대해 남긴 기록은 이 갑골문 舟가 제일 이르며 이는 적어도 3500년 전이다.

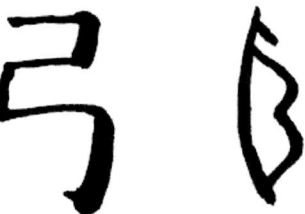

弓(활 궁): 활의 의상.

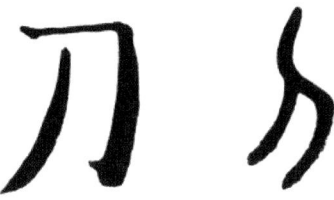

刀(칼 도): 칼의 의상.

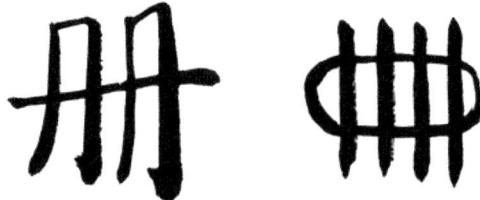

冊(책 책): 최초의 책은 죽(대나무)통이었다.

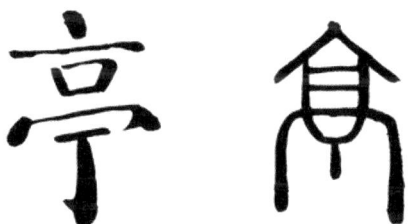

亭(정자 정): 정자(亭子)의 의상.

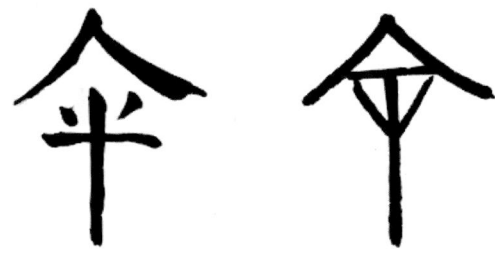

繖(우산 수): 활짝 펼친 우산의 의상.

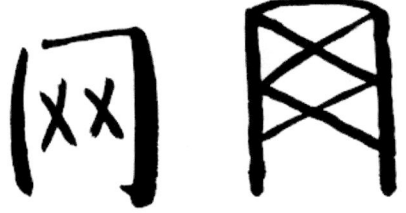

网(그물 망): 어망에 대한 의상.

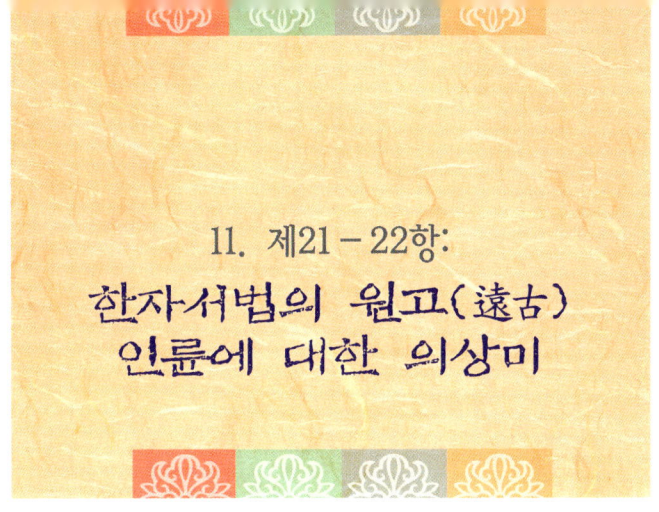

11. 제21 – 22항:
한자서법의 원고(遠古)
인륜에 대한 의상미

– 고대 인류의 결혼과 가족

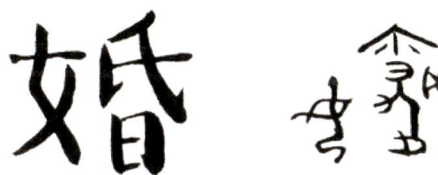

姓(성시 성): 사람은 여자로부터 태어나 이름(성씨)을 가지게 되는데 이는 금수와 구분 짓는 것이며 문명이 시작된 것이다.

婚(혼인할 혼): 해가 지면 남자는 부락에서 나와 여인을 찾는다.[52] 다수가 함

께했던 결혼을 따로 하기 시작하였으며 이는 인류의 큰 발전이다.[53]

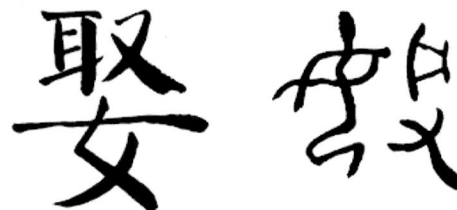

娶(장가 들 취): 남자는 손(又)과 말을 이용해(耳) 여인을 취하여 집으로 돌아간다. 이는 원고(遠古) 인류의 간단하고도 순박한 애정을 입증한다.

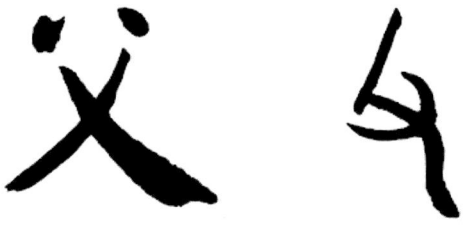

父(아비 부): 초기 인류는 어머니만 알고 아버지는 알지 못했다. 아버지를 인식하기 시작할 때 그 이미지는 손에 방망이를 들고 자식을 훈계하는 것이었다. 이는 오늘날까지 '엄한 아버지와 자애로운 어머니'의 이미지로 이어지고 있다.

---

52) '婚'은 아내의 집이다. 『의례』(사혼례)에 이르기를 아내를 취할 때는 황혼(昏)의 시간을 택한다. 여자는 음에 속하기 때문이다. 조자법으로는 겸성회의자. 『중국 고대문화』, 이돈주 편저, 태학사, 2006.

53) (옮긴이) 고대 사회에서 여러 명의 남녀가 서로 공동의 배우자가 될 수 있는 결혼 형태. 집단혼.

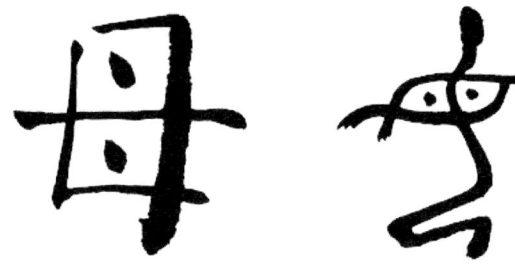

母(어미 모): 모친은 항상 갓난아이를 안거나 등에 업고 있다. 위대한 모친의 사랑은 원시사회부터 시작된 것으로 오늘날의 자식이 있는 모친들 또한 이와 같다. 갑골문 '母'는 모친이 인류에게 남긴 어머니 사랑에 대한 변치 않는 이미지이다.

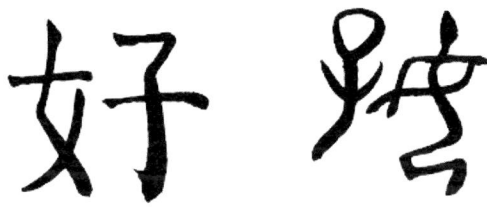

好(좋을 호): 아이와 엄마(女)가 함께 있으니 이것이 좋을 '호(好)'이다.

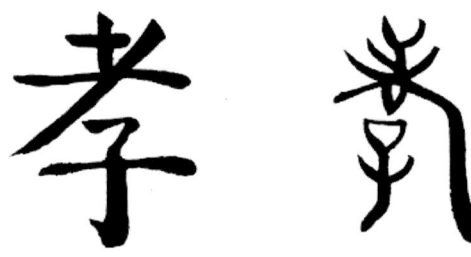

孝(효도 효): 다 큰 아이가 늙으신 부모를 업거나 부축하는 것이 '효(孝)'이다. 문명인은 길러 주신 은혜에 감사할 줄 안다.

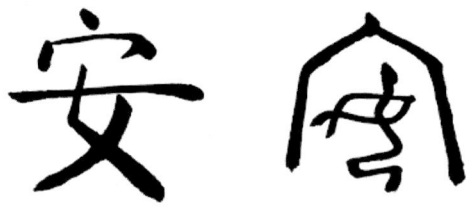

安(편안할 안): 집 안에 여인(부인)이 있어야 비로소 '안(安)'이 된다.

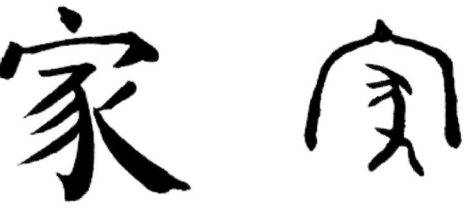

家(집 가): 사냥하고 남은 동물(가축)이 있는 곳이야말로 집이라 할 수 있다.

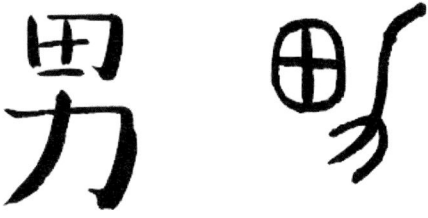

男(사내 남): 밭을 일구는 자는 남자이다. 남자는 밭을 일구고 여자는 직물을 짠다. 갑골문 '남(男)'은 농경문화에서 비롯된 것이다.

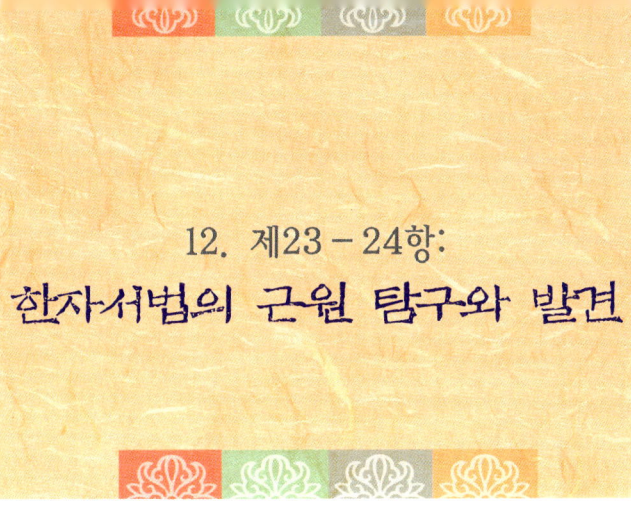

12. 제23 - 24항:
한자서법의 근원 탐구와 발견

– 씨족토템과 한자는 오늘날 많은 성씨와 일맥상통한다.

1. 중국의 성씨 족휘 토템은 인류의 글자와 같이 살아 있는 화석이며, 한자서법의 근원이다.
2. 성씨, 한자, 역경은 중화문명 기원의 세쌍둥이라 할 수 있다.
3. 예를 들면 한자서법은 원고(遠古)의 성씨 족휘 토템에서 기원되는데 이는 갑골문보다 이른 그림 문자이다. 전설에 따르면 풍씨의 후대 복희(伏羲)와 여와(女媧)가 팔괘(八卦)를 그렸으며, 그림 문자를 창조하기 시작했다고 한다. 성씨를 만들고 그 후에 창일(倉頡)황제가 간단화시켜 갑골문을 만들었다. 중국의 초기 성씨는 모두 계집 녀(女) 편방을 갖고 있다. 예를 들면 희(姬), 강(姜), 용(瀛), 사(姒)가 있는데 이는 성씨(姓氏)가 모계사회(母系社會)의 산물임을 증명하는 것이다. 오늘날의 중국 성씨는 부계사회에 이르러서야 비로소 부친에 따라 성씨가 배출된 것인데 이때 성씨는 하나의 단독적인 한자이다. 현재 진력보(陣歷甫)[54]가 최근 편찬한 『중화성씨서법대

사전(中華姓氏書法大辭典)』에서는 성씨 10,129개가 수록되어 있고, 그중 한족의 성씨는 8,000여 개, 소수민족의 성씨는 2,000여 개이다. 2001년 1월 15일 『중국신문출판사(中國新聞出版報)』의 최근 보도에 의하면, 진력보가 오늘날까지 파악하고 있는 중국인 성씨는 이미 15,142개에 달하며 복성 (複姓)을 제외한 1만여 개의 성씨가 있다.

黄 황씨: 황제 부락의 거북이 토템, 왼쪽부터 황씨 후대의 족휘, 갑골문, 금문(金文), 진전(秦篆), 예서(禮書), 해서(楷書), 행서(行書). '황' 자는 거북 '귀(龜)' 자에서 파생된 글자이다. 누를 '황(黃)' 자와 거북이 '귀(龜)' 자의 갑골문과 금문(金文)은 매우 비슷하다. 이로 보아 그 토템과 한자 그리고 오늘날의 성씨가

---

54) (옮긴이) 사천성(四川省) 수영시(遂寧市) 문서국 퇴직인이며 30년이 넘는 기간 동안 중국 각지에서 중국 성씨에 관한 문서를 2만여 개를 수집하여 『중화성씨서법대사전(中華姓氏書法大辭典)』을 출판하였다.

서로 일맥상통함을 알 수 있다.

風 풍씨: 2800년 전 불을 발명한 수인씨(燧人氏)의 후대 중 한 명이 무역풍을 발견하였고 그 자손들을 풍씨(風氏) 부락이라 하였다. 초대 중화민족 중 최초의 성이자 하나의 글자이고 토템이다. 천일합일하고 중화문화의 기원이며 후에 삼황오제(三皇五帝)[55]가 모두 풍씨(風氏)의 후대가 된다.

劉 유씨: 염제(炎帝)[56]의 후대 중 농사에 유리한 춘분(春分)을 발견한 자의 자손 부락의 족휘를 '유'라고 부른다. 오늘날의 간체자 '刘'는 농경사회의 유씨(劉氏) 족휘 토템이 변천하여 간단화된 것이다.

張 장씨: 활을 발명한 사람의 후예이다. 간체자 '张'은 장씨 족휘 토템에서 변천하여 간단화된 것이다.

앞의 1. 제1-2항의 왕씨, 손씨, 안씨를 참고하고 서법 연습을 하세요.

---

55) 『사기』의 기술에 따라 대체로 신농씨(神農氏), 복희씨(伏羲氏), 여와씨를 삼황으로, 황제(黃帝), 전욱, 제곡, 요(堯), 순(舜)을 오제로 보는 것이 일반적이다. 『한국인을 위한 중국사』, 신성곤·윤혜영 지음, 서해문집, 2004.

56) 한대(漢代) 이래 일반 학자들은 모두 신농씨를 염제라고 여겼고, '염제 신농'이라는 명칭도 등장하였다. 그는 맨 처음 나무로 보습과 쟁기를 만들었다고 하여 농업의 발명자로 여겨졌다. 100가지 주제로 본 중국의 역사, 고려대학교출판부, 2007.

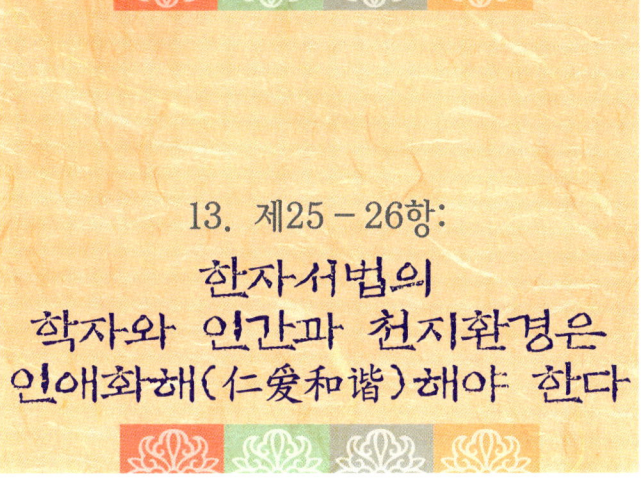

13. 제25 – 26항:
한자서법의
학자와 인간과 천지환경은
인애화해(仁愛和諧)해야 한다

仁(어질 인): 사람(人)은 두(二) 가지 사랑을 해야 하는데, 첫째는 사람과 자연 환경 간의 사랑이고, 둘째는 인간과 인간 간의 우애이다.

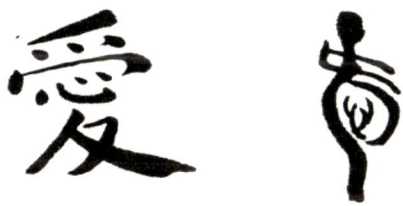

愛(사랑 애): 마음을 다하여 인간과 자연을 사랑한다. 갑골문은 임부가 손을 사용하여 태아를 만지는 것을 의미한다.

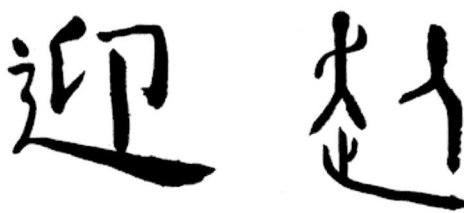

迎(맞이할 영): 먼 길을 온 이는 반겨야 한다.

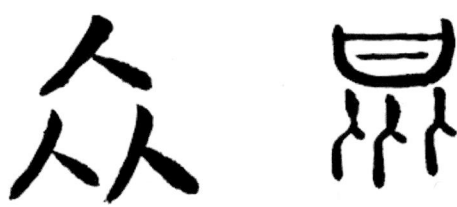

眾(무리 중): 여러 사람이 마음을 모아 협력하여 물건을 옮김.

많은 사람이 한마음으로 성실하게 일을 한다면 태산도 옮길 수 있다.

丞(도울 승): 고대문자 '承'과 같다. 높은 지위에 있는 사람(丞相)도 다중의 지지를 기댈 수밖에 없다. 앞의 <9. 제17－18항>을 참고하세요.

祝(빌 축): 인간이 제사 중 기도를 하고 있다.

福(복 복): 제사용 용구.

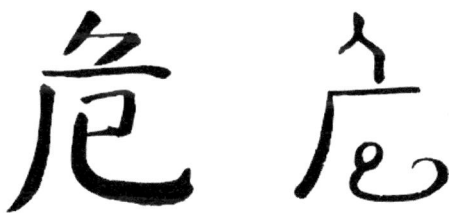

危(위태할 위): 절벽에 서서 뒷걸음치는 사람이 떨어져 죽지 않으면 뱀에게
물려 죽는 상황으로 매우 위험함을 뜻한다.

信 言 人

信(믿을 신): 사람의 말은 곧 믿음이다. 공자가 말하길, 말은 반드시 지켜야 하며 행함은 반드시 결과가 있어야 한다.[57]

儒 需 人

儒(선비 유): 인간이 필요한 것은 인의예지신(仁義礼智信)[58]이며 이것은 곧 유가(儒家)[59]문화이다.

---

57) (옮긴이) 言必信, 行必果.

58) (옮긴이) 인자하고 정의로우며 예의가 바르고 지적이며 정직하다.

59) (옮긴이) 유가사상은 공자(B.C. 551~479)에 의해서 창립되었다. 공자는 춘추(春秋)시대 말기의 노(魯)나라 사람. 위대한 사상가이자 교육자이다.

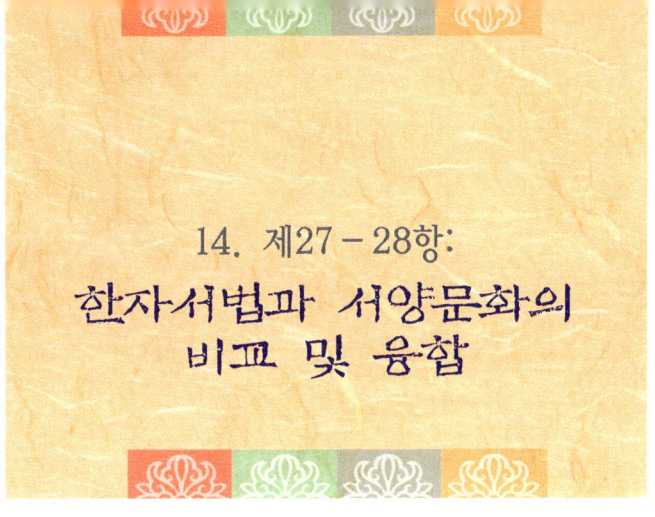

14. 제27 - 28항:
한자서법과 서양문화의
비교 및 융합

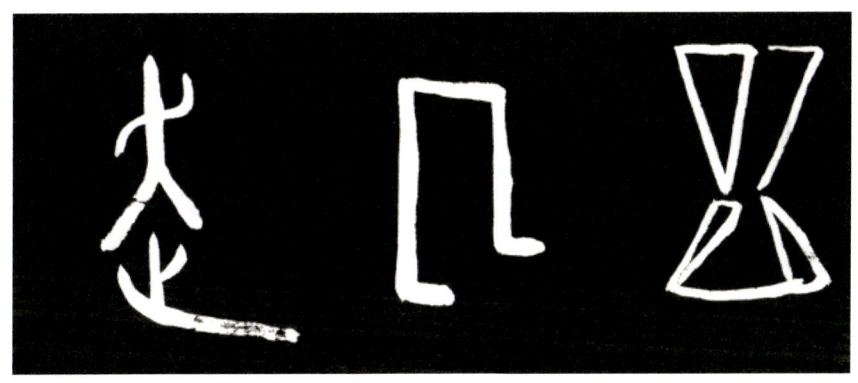

고대 한자 달릴 '주(走)'(왼쪽), 고대 이집트 상형문자(중간), 고대 서아시아의
설형문자(오른쪽)는 서로 동일한 면이 있다. 그러나 오직 한자만이 오늘날까지
존재하며 다른 고대문자들은 거의 없어졌다. 이렇기에 한자서법은 인류문명의
산 화석이라고 할 수 있다.

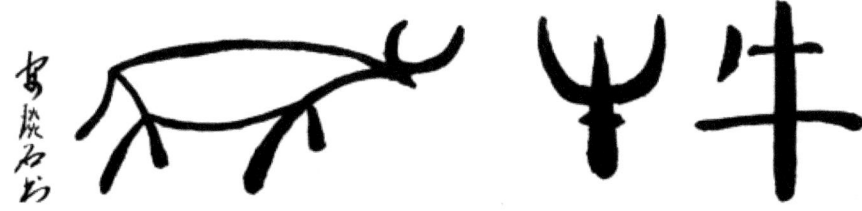

갑골문 소 '우(牛)'와 피카소의 최후에 그린 추상적인 소(왼쪽)는 서로 비슷한 면이 있다.

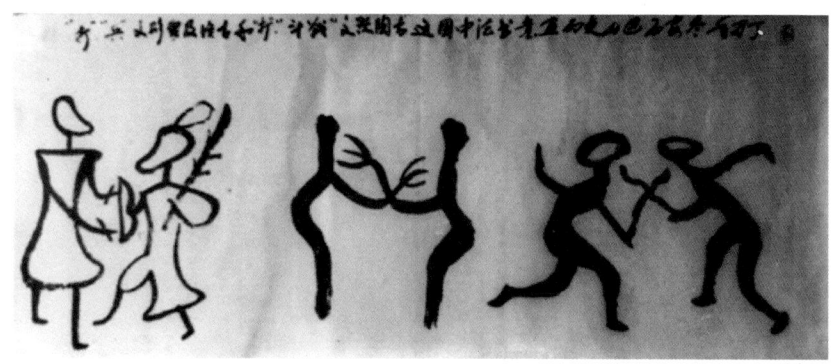

鬥(싸울 투): 도기문에 새겨진 한자(오른쪽)와 갑골문(중간), 그리고 고대 이집트 상형문자 '전투'.[60]

---

60) (옮긴이) 『화의서법(画意书法)』, 안석 편저, 1997.

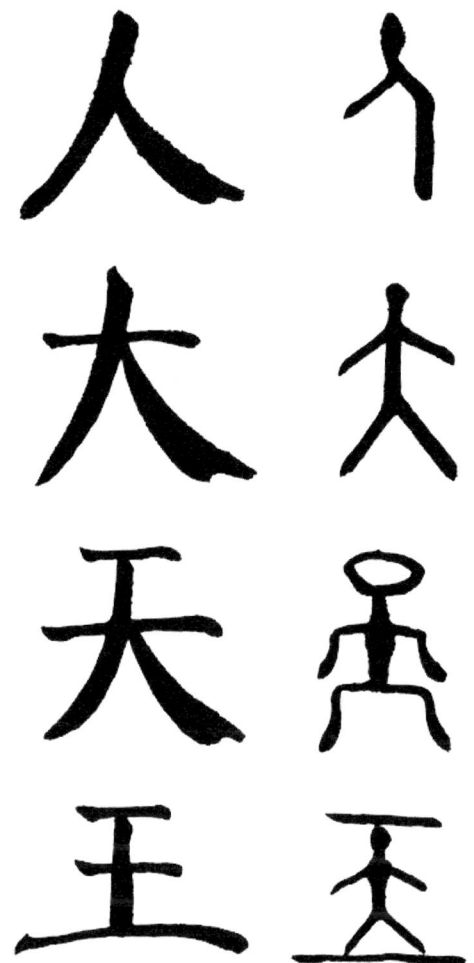

人大天王: 대인이 하늘에 오르다. 고대 중국인은 상제(上帝)를 믿었다. 중국인이 말하는 창천(蒼天),[61] 노천야(老天爺)[62]는 모두 서양의 하나님과 같은 것

이다. 대인(大人)은 후에 소인이 아닌 군자를 지칭하는 말이 되었는데, 이는 서양의 '신사'와 유사한 것이다.

공자가 말한 '仁'과 예수가 말한 '愛'의 공통점은 인간은 다수를 사랑해야 하는 것이다. 인애(仁愛)는 동서양 문화의 귀중한 성과이나 중국 고전 문화속의 '仁'은 이보다 더 나아가 천지 환경을 사랑해야 한다는 뜻을 지니고 있다. 이는 오늘날 중국 결혼식에서도 계속 이어진다. 중국 결혼식에서는 첫째로 하늘과 땅을 향해 절을 하고, 둘째는 부모를 향해, 셋째로는 부부가 서로에게 한다. 먼저 하늘과 땅을 향해 절을 하는 것은 천지환경을 사랑해야 하기 때문이고 그 후에 사람에게 하는 것은 사람과 사람 간의 사랑이 있어야 하기 때문이다.

풍수와 생태: 중국 고대의 천인합일 풍수학과 서양의 인간과 자연의 조화를 추구하는 생태환경학은 같은 것이다. 35P를 참고하세요.

음양론과 모순론: 중국 고대의 역경(易經)과 음양론은 현대 세계의 모순론과 공통적으로 사물의 양면성에 대해서 이야기하고 있다. 그러나 고대 중국은 그 둘의 조화까지 추구한다.

阴 阳 論 矛 盾

한자서법의 의상미와 추상미는 서법이 세계 예술의 전당에 진입한 역사적인 노선이다. 한자서법은 중국뿐만 아니라 모든 인류가 이해한다. 왜냐하면 한자

---

61) (옮긴이) 푸른 하늘이라는 뜻.
62) (옮긴이) 하느님. 조물주.

서법에서 역사 이전의 인류의 문화사상을 알 수 있고, 오직 한자만이 고대 인류의 인간과 자연에 대한 생각과 인간 간의 정신적 지혜를 보존하고 있기 때문이다.

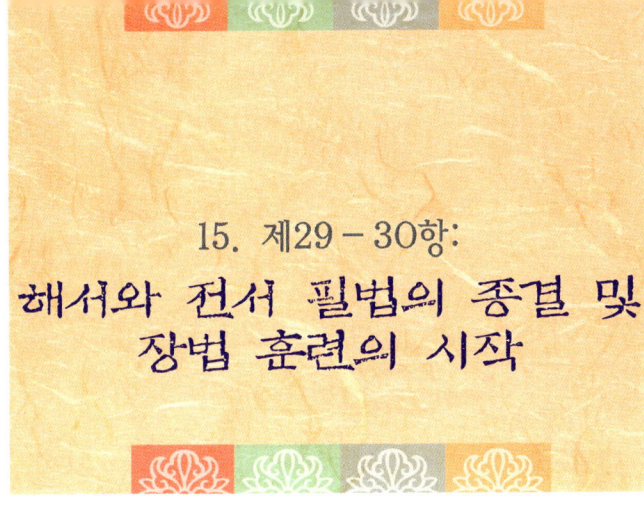

15. 제29 – 30항:
해서와 전서 필법의 종결 및
장법 훈련의 시작

앞에서 연습한 것은 필법(筆法)이다. 이번 수업부터는 장법(章法)을 연습한다. 기본 필법인 해서(楷書)는 가로획이 가늘고 세로획을 굵은 것을 강조한다. 고대문자는 이것이 명확하게 드러나지 않다. 그러나 모든 서법의 글자는 공통적으로 중심이 안정되어야 함을 강조한다. 앞으로 배울 것은 장법이다. 필법 외에도 장법(구조 계획)에 주의해야 한다.

장법

(1) 주제는 부각되어야 한다.

(2) 낙관과 직인의 자리는 미리 남겨 두어야 한다.

(3) 화선지를 접는 계획에 따라 상하좌우의 테두리에 틀을 남겨 둔다.

연습내용

(1) 인총중(人從衆)을 쓰고 연도, 월, 국가를 쓴다.

(2) 삼림목십(森林木十): <6. 제11 – 12항>의 주제를 모방하고 자신의 낙인을 찍는다. 필획이 적은 글자는 굵고 크게 쓰고, 필획이 많은 글자는 가늘고

작게 써야 전체적으로 평형해 보인다.

(3) 모방연습은 창작할 수 있게 한다: 안석은 당대 안진경(顔眞卿)[63]의 해서체 당시(唐詩)를 모으고 있다. 해서 모방 연습할 때는 당대 경전 명가 충신연노공 (重臣顔魯公) 안진경이 창작한 『근례비(勤禮碑)』와 『다보탑(多宝塔)』을 선택하여 연습하는 것이 제일 좋다. 안체자(顔體字)[64]는 건장하고 강건하며 기상이 넓어서 문화 경전임을 느낄 수 있다.

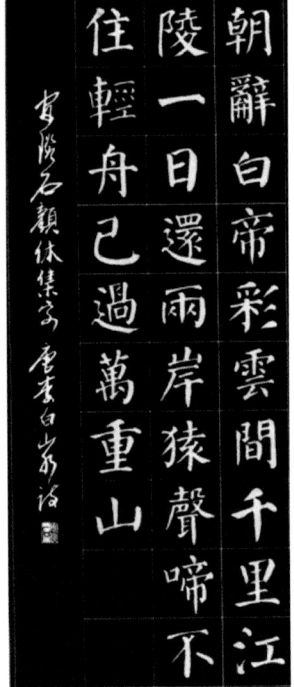

---

63) (옮긴이) 중당(中唐)의 서법가이다. 해서를 잘 썼으며 안체(顔體)를 창조하였다.

64) (옮긴이) 안진경의 필체.

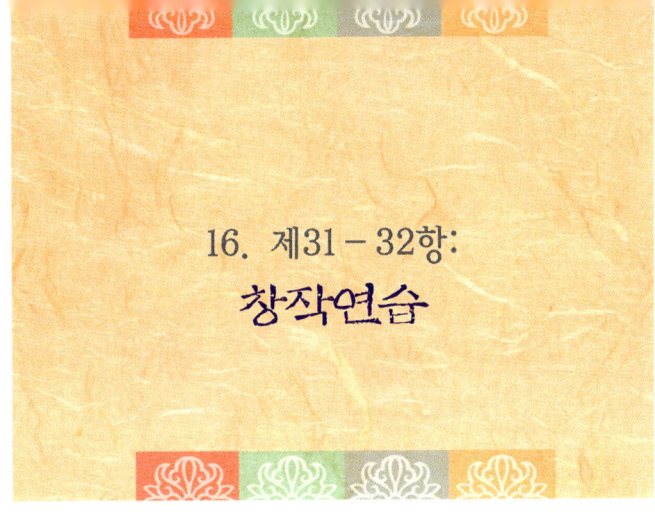

16. 제31 - 32항:
창작연습

1. 중화문화의 천인합일 친환경관을 친환경 당시『춘효(春曉)』를 참조한다.
   낙관과 직인을 찍는다. 15P

2. 친환경 당시『조(鳥)』를 모방 창작하시오. 14P

3. 사천대학교의 교훈을 연습하시오: *海納百川, 有容乃大.*[65]

4. 친환경 고대한자: *天人合一.*

5. 친환경 고대한자: *高山流水.*

---

65) (옮긴이) 바다가 많은 강물을 받아들였듯 포용력이 있어야 비로소 더 클 수 있다.

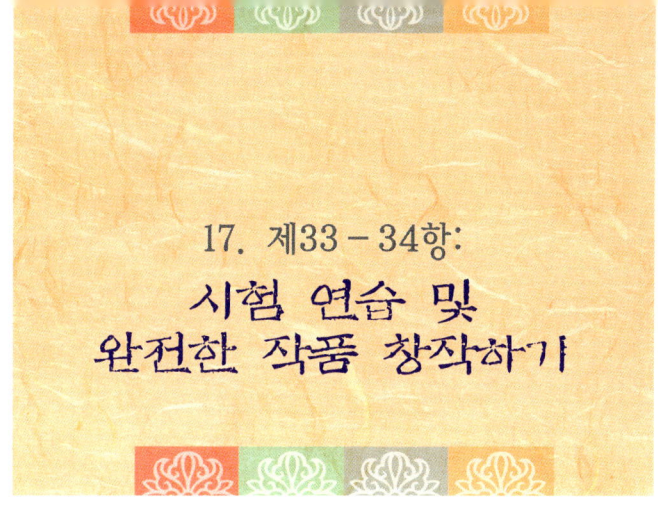

17. 제33 - 34항:
시험 연습 및 완전한 작품 창작하기

창작 연습 참고내용: 하나의 완전한 작품을 쓰려면 주제가 부각되어야 하고 양옆에 여백이 있어야 하며, 인장을 정확하게 찍어야 한다.

(1) 言必信, 行必果[66] 독일 전 대통령 게르하르트 슈뢰더(Gerhard Fritz Kurt Schröder)가 이 말을 인용한 바 있다.

(2) 己所不欲, 勿施于人[67] 약 500년 후 예수도 이 말을 언급하였다.

(3) 君子和而不同, 小人同而不和[68]

(4) 有朋自遠方來不亦樂乎[69]

(5) 學而時習之不亦悅乎[70]

(6) 仁者愛人愛天地[71]

---

66) (옮긴이) 말에는 믿음이 있어야 하고 행동에는 결과가 있어야 한다.

67) (옮긴이) 자신이 하기 싫은 일을 남에게도 권하지 마라.

68) (옮긴이) 군자는 남들과 조화롭되 소신이 있고, 소인은 남들을 따르되 조화를 추구하지 않는다.

69) (옮긴이) 먼 곳으로부터 친구가 오니 즐겁지 아니한가.

70) (옮긴이) 배운 것을 실천하니 즐겁지 아니한가.

(7) 仁者樂山, 智者善水72)

(8) 志于道, 据于德, 依于仁, 游于藝73)

(9) 兩个黃鸝鳴翠柳, 一行白鷺上靑天. 窗含西岭千秋雪, 門泊東吳万里船.74)

(10) 同一个世界, 同一个夢想75)

(11) 學海无涯樂作舟76)

(12) 天道酬勤77)

---

71) (옮긴이) 인애로운 자는 인간과 천지환경을 사랑한다.

72) (옮긴이) 인애로운 자는 산을 좋아하며 지혜로운 자는 물을 좋아한다.

73) (옮긴이) 도에 뜻이 있고 덕을 근거로 삼으며 인에 의지하고 예에서 노닌다.

74) (옮긴이) 시성(詩聖) 두보(杜甫)가 옛 성도에서 천일합일의 환경을 묘사한 친환경적인 당시(唐詩). 13P

75) (옮긴이) 2008북경올림픽 타이틀. One world, One dream. 이는 모든 것은 하나로 돌아가기 마련이며 천하대동. 천인합일, 그리고 천지가 인애롭다는 중국 고대 사상을 반영한 것이다.

76) (옮긴이) 배움의 바다는 끝이 없으니 즐거움을 배 삼아 앞으로 저어 가야 한다.

77) (옮긴이) 중국 속담. 각고의 노력을 하면 반드시 성과를 이룬다.

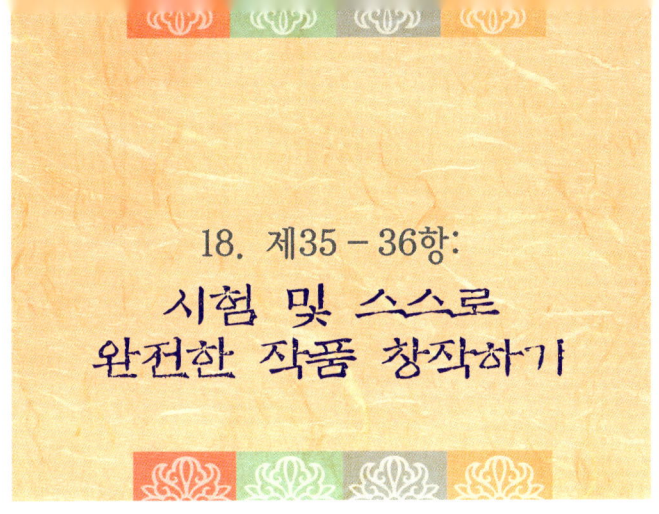

18. 제35 – 36항: 시험 및 스스로 완전한 작품 창작하기

학생은 17과의 시험 연습 참고 내용 중 하나를 선택하거나 스스로 작품 주제를 선택한다. 수업시간에 규정된 시간 내에 스스로 완성한 작품을 시험으로 삼는다.

　부록
　안석이 모방한 행서, 초서, 행초경전 비첩(비석에 새긴 글자를 그대로 종이에
　박아 낸 것)을 연습하시기 바랍니다.

동진(東晋)시대 우장군(右將軍) 왕희지(王羲之)[78]의 행서, 중서금(中書令) 왕헌지(王獻之)의 해서, 북송(北宋) 정치가이자 예술가인 소식(蘇軾)의 행초, 성당(盛唐) 장장사(張長史) 장욱(張旭),[79] 회소(懷素)[80] 승려의 대초광초(大草狂草)

---

78) 왕희지. (王羲之, 307~365) 오늘날의 중국의 산둥성 출신이며, 동진 왕조 건설에 공적이 컸던 왕도(王導)의 조카이고, 왕광(王曠)의 아들이다. 중국 고금의 첫째가는 서성(書聖)으로 존경받고 있다. 처음에는 서진(西晋)의 여류 서예가인 위부인(衛夫人)의 서풍(書風)을 배웠고, 한(漢)나라, 위(魏)나라의 비문을 연구하여 해서, 행서, 초서의 각 서체를 완성함으로써 예술가로서의 서예의 지위를 확립했다. 그는 예서(隸書)를 잘 썼고 당시 아직 성숙하지 못했던 해·행·초의 3체를 예술적인 서체로 완성하는 데 큰 공헌을 했으며, 현재 그의 필적이라 전해지는 것도 모두 해·행·초의 3체에 한정되어 있다. 해서의 대표작으로는 『악의론(樂毅論)』, 『황정경(黃庭經)』이고, 행서로는 난정서, 초서로는 그가 쓴 많은 편지를 모은 『십칠첩(十七帖)』이 옛날부터 유명하다. 『중국역사이야기』, 조관희 옮김, 학고방출판사, 2007.

79) (옮긴이) 장욱. 당나라 현종(玄宗) 때의 서법가. 장욱에게 필법을 배운 안진경은 그의 서법이 진정한 것이라고 평하였다. 술을 몹시 좋아하고 취흥이 오르면 붓을 잡았으며 때로는 머리채를 먹에 적셔 글을 쓰는 등의 취태가 있었으므로 세상 사람들은 그를 장전(張顛)이라고 하였다. 초서를 잘 썼으며, 얼핏 보아서 분방하게 느껴지는 광초에도 그 바탕에는 왕희

등 역대 보편적으로 추앙하는 명가(名家) 경전(經典)의 정통 서첩 부분. 왕희지는 서성(書聖)이라 불린다. 행서표본을 창조하였으며 당태종(唐太宗) 이세민(李世民) 또한 그를 추앙하였다. 그가 쓴 『난정서(蘭亭書)』[81]는 천하제일의 행서이다. 난정서와 그의 일곱 번째 아들인 왕헌지(王獻之)의 행서와 초서는 함께 '이왕서법(二王書法)'이라 불린다. 당(唐)나라 때 '전장광소(顚張狂素)'는 초성(草聖)이라 불렸다. 당송(唐宋) 팔대가(八大家)[82] 중의 소동파(蘇東坡)는 행초를 더욱 발전시키며 문인(文人)이 반드시 연습해야 할 서법인 '문인서법(文人書法)'의 대표인물이다. 서법은 오래전부터 중국의 문인, 장군 정치가 및 고위 계층 사람들이 수신하고 양성하며, 장수하고 서정적으로 뜻을 나타내는 고상하고 우아한 기예이다.

왕희지(王羲之)의 『난정서(蘭亭序)』 부분. 천하제일의 행서이다.

지와 왕헌지의 서법을 배운 소양을 엿볼 수 있다.

80) 회소(725~785): 당나라의 서법가. 술을 좋아해서 만취한 상태로 붓을 종횡으로 놀려 연면체의 초서, 즉 광초를 잘 썼다고 한다. 필적으로 『자서첩(自敍帖)』, 『초서천자문(草書千字文)』, 『성모첩(聖母帖)』 등이 남아 있다. 『서예』, 최지선 옮김, 도서출판 대가, 2008.

81) 왕희지가 내사 재직 중이던 353년(영화 9) 늦봄에, 난정(蘭亭)에서 있었던 유상곡수(流觴曲水)의 연회에 참석했다. 그때 모인 마흔 명의 명사의 시를 모아 만든 책머리에 스스로 붓을 들어 서문을 썼다. 이것이 『난정서(蘭亭序)』라는 그의 일대의 걸작이며 산수문학의 남상(濫觴)이 되었다. 『중국역사이야기』, 조관희 옮김, 학고방출판사, 2007.

82) (옮긴이) 당대의 한유(韓愈), 유종원(柳宗元), 송대(宋代)의 구양수(歐陽修), 왕안석(王安石), 소현(蘇洵), 소식(蘇軾), 소철(蘇轍), 증공(曾鞏) 등 여덟 명의 유명한 문작가를 일컫는 말이다. 송대팔대가(宋代八大家)라고도 한다.

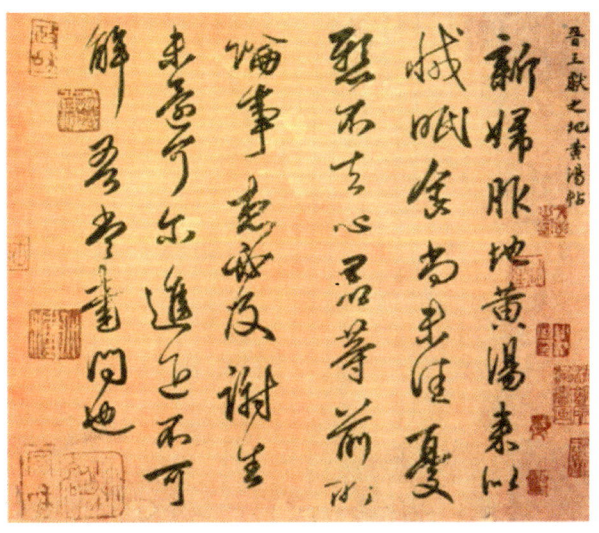

왕헌지(王獻之)의 『지황탕첩(地黃湯帖)』. 행서체가 마치 사람이 길을 걷는 것
과 같다.

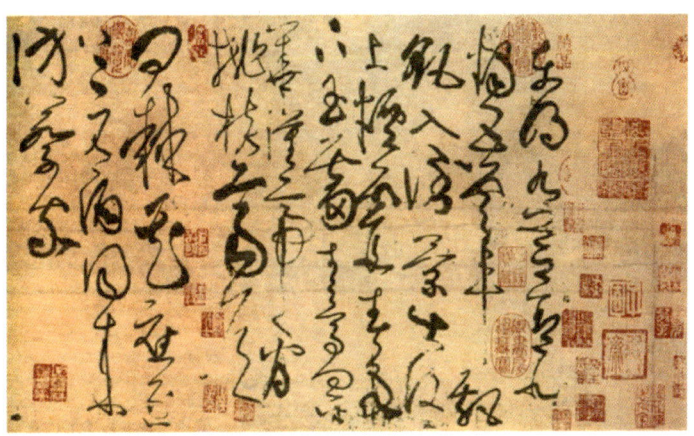

장욱(張旭)의 『고시사첩(古詩四帖)』 부분. 초서체가 마치 하늘을 나는 것과

같다. 붓이 지난 자리가 물이 흐르는 것과 같고, 일관적으로 이어지며 추상적인 음률로 심정을 토로하였다.

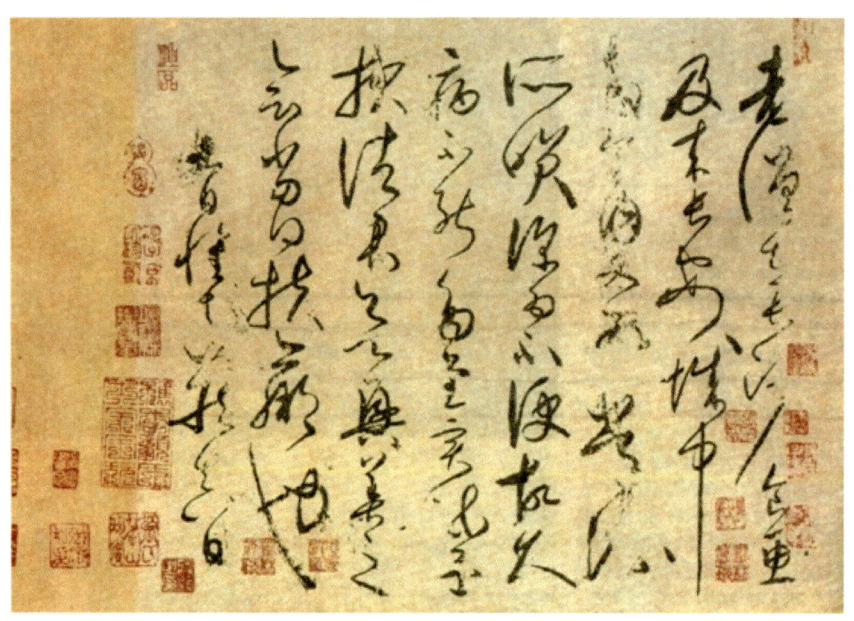

회소의 『식어첩(食漁帖)』.

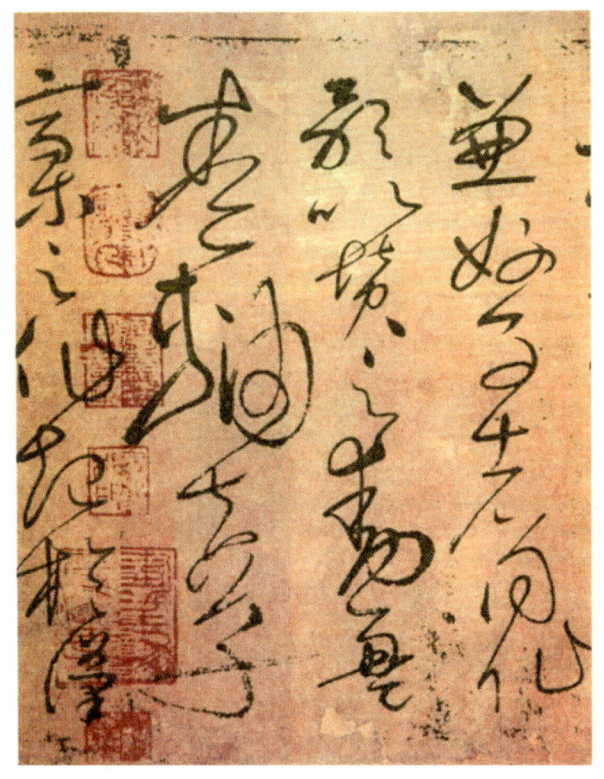

회소의 『자서첩(自敍帖)』. 마음과 손이 서로 어우러지니 뜻이 닿는 곳에 붓
이 먼저 가고 붓끝에는 마음이 남는다.

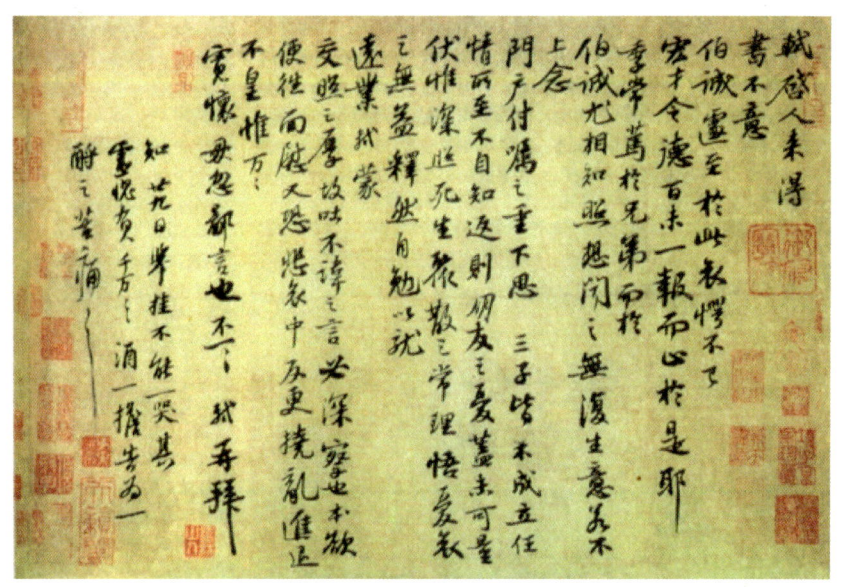

소식(蘇軾)의 『인래득서첩(人來得書帖)』. 글씨체가 풍부하고 자유분방하며 흩날리는 듯 시원스럽다. 문장은 굴원(屈原)으로, 서법은 난정(蘭亭)과도 비할 수 있다. 생각과 감정, 심리를 잘 나타내었다. 서법은 문인이나 신분이 높은 사람 혹은 선비들이 심리를 요양하는 실용적인 예술이다.

비첩 모사 연습하기: 『회인집왕희지성교서(懷仁集王羲之聖敎序)』 부분.

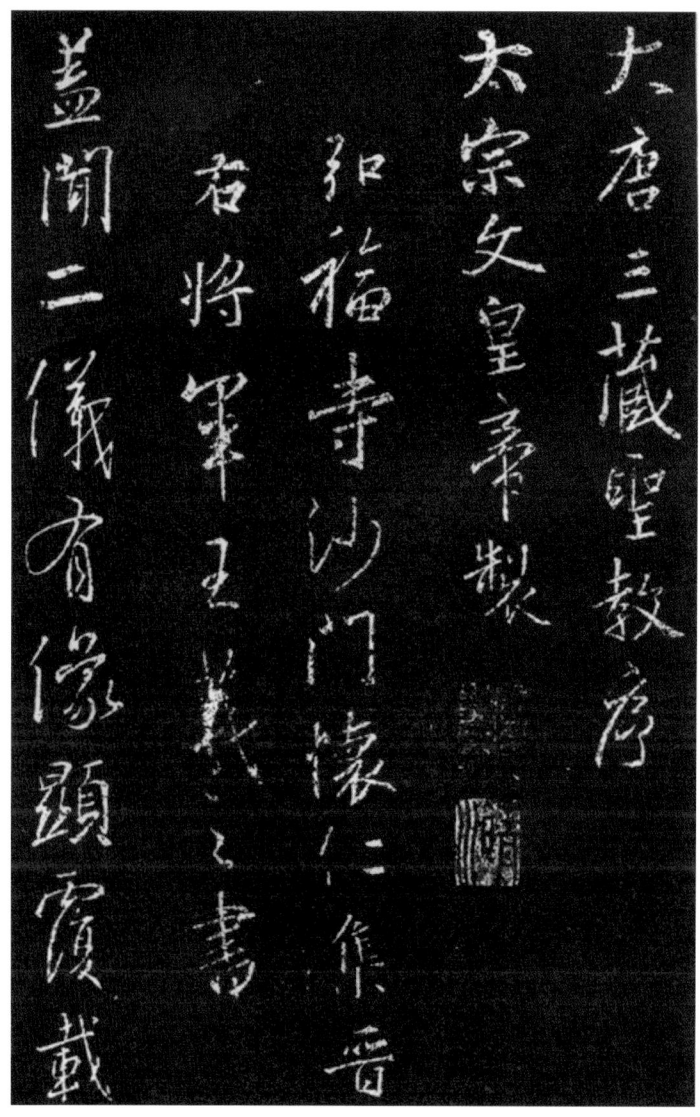

以含生四時無形潛寒
暑以化物是以窺天鑑地
庸愚皆識其端明陰洞
陽賢哲罕窮其數然而
天地苞乎陰陽而易識

者以其有像也陰陽處
乎天地而難窮者以其
無形也故知像顯可徵
雖愚不惑形潛莫覩在
智猶迷況乎佛道崇虛

乘幽控寂弘濟万品典
御十方舉威靈而無上
抑神力而無下大之則
彌於宇宙細之則攝於
豪釐無滅無生歷千劫

時言未馳而成化當常
流慈昔者分形分跡之
漢庭而皎夢照東域而
大教之興基乎西土騰
遐能無疑或者哉然則

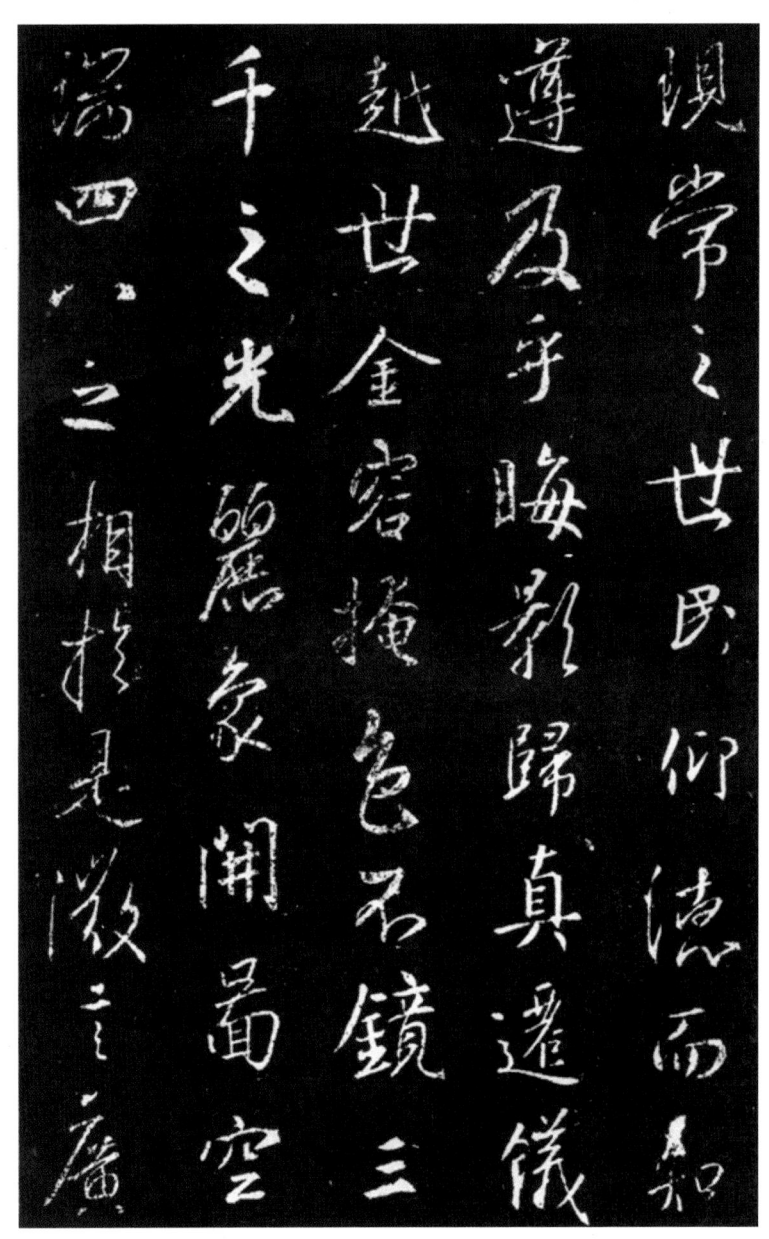

破掷含類於三途遺訓
遐宣道驅生於十地然
而真教難仰莫能一其
旨歸曲學易遵邪正於
焉紛糾所以空有之論

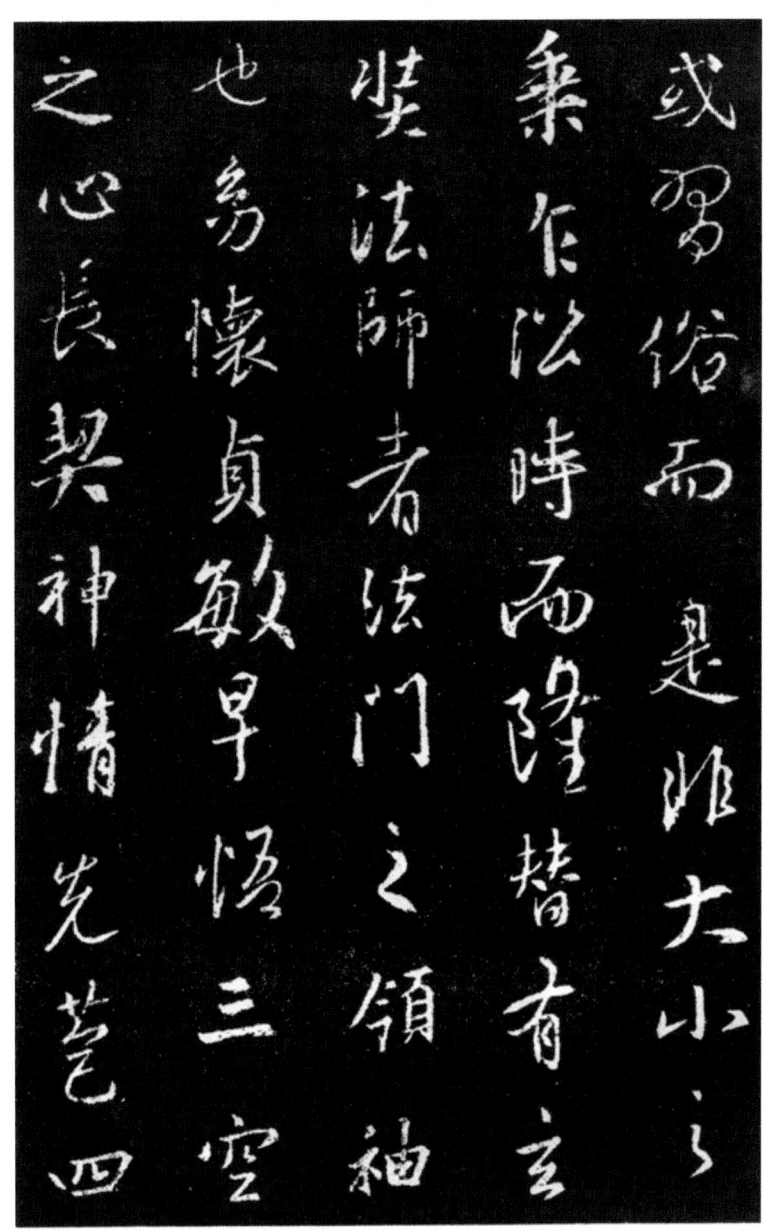

或罰俗而是非大小之

乘乍沿時而隆替有主

獎法師者法門之領袖

也易懷貞敏早悟三空

之心長契神情先苞四

忍之行於風水月未足比

其清華仙靈朗珠詎

能方其朗潤故以智通

無累神測未形超六塵而

迥出使千古而無對

회소(懷素)의 초서(草書) 『성모첩(聖母帖)』 부분. 옆에 해서체(楷書體)로
주석을 달았다.

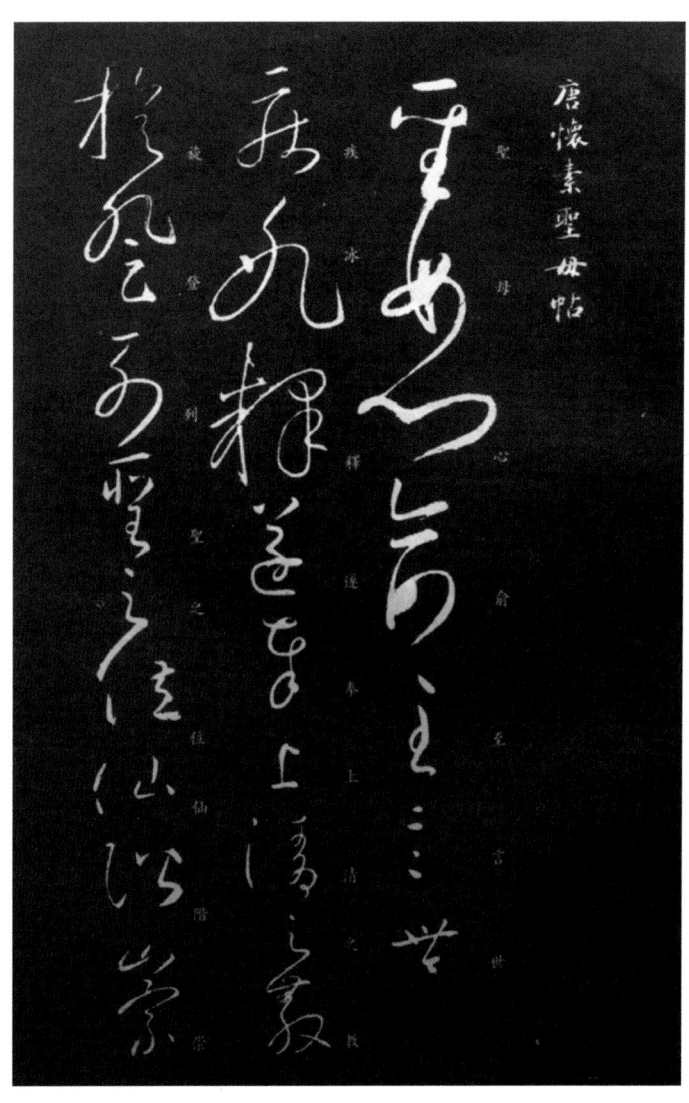

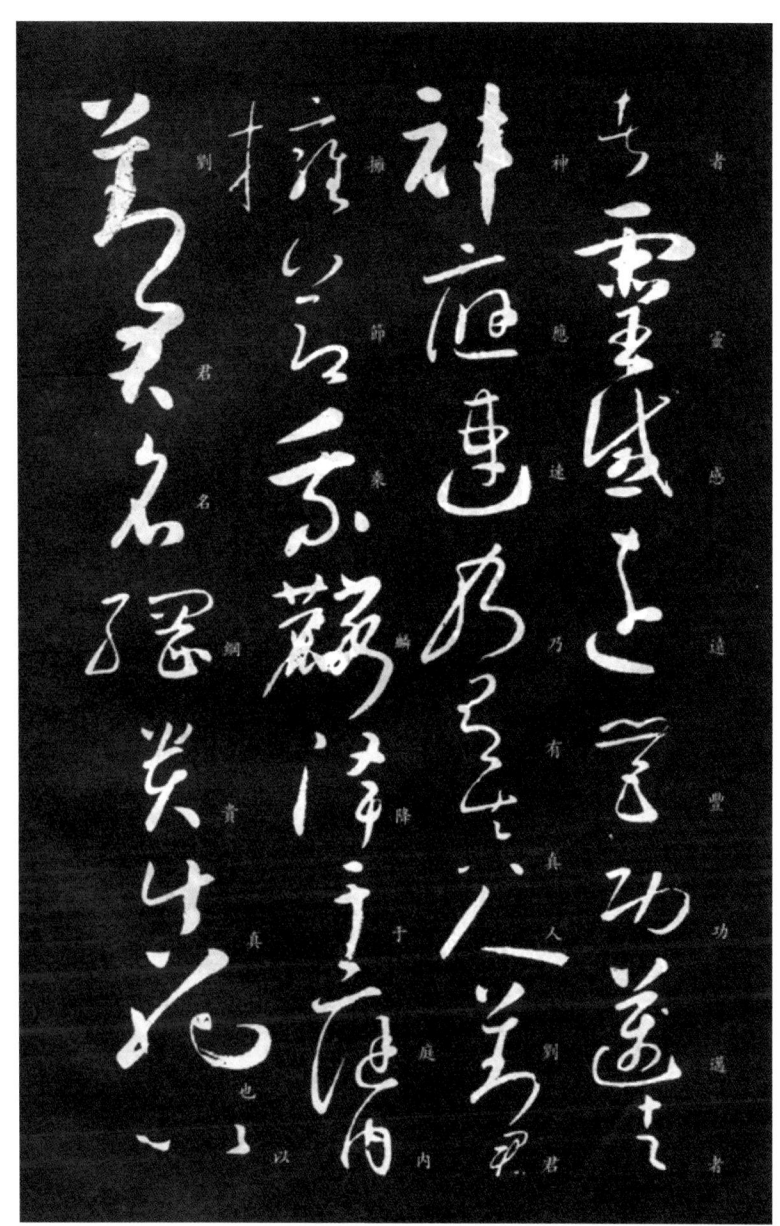

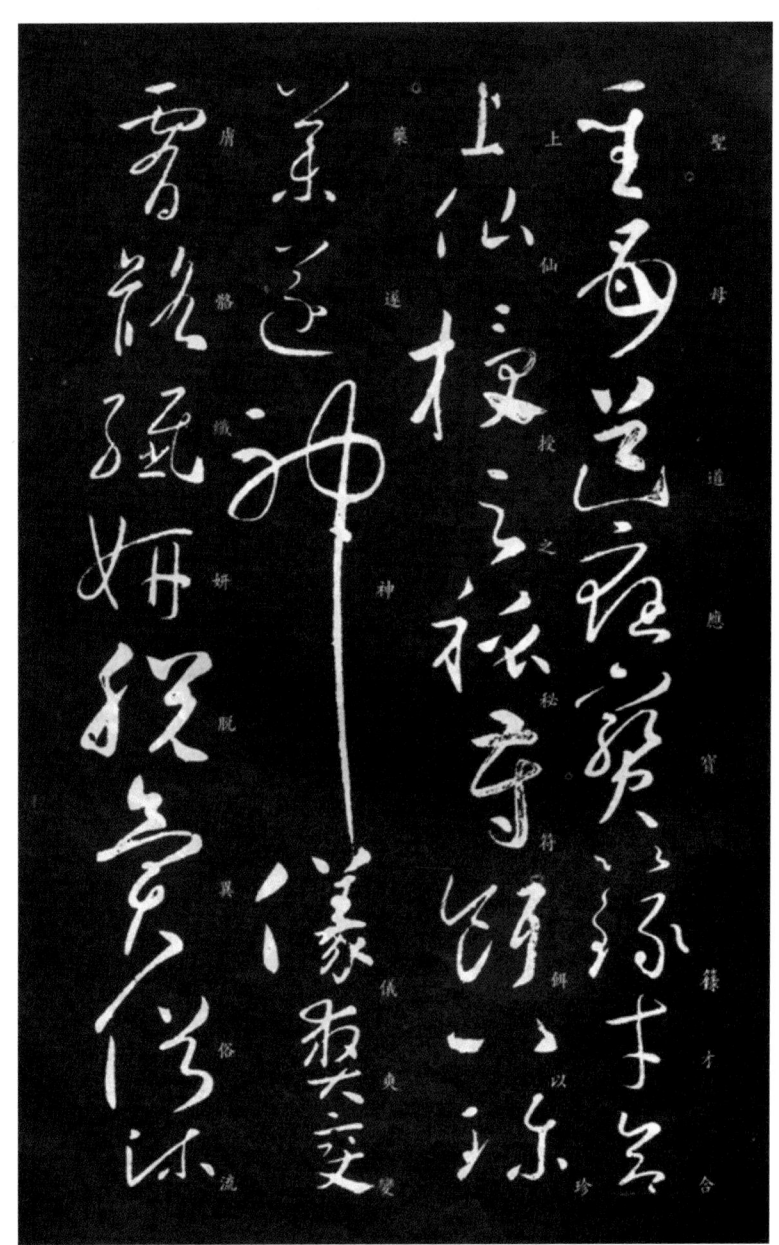

聖母道應寶篆才合
藥遂仙上
以符秘之授仙上
神
藥膺肪儀妍骼霄
低奚變脫異俗流妍
流

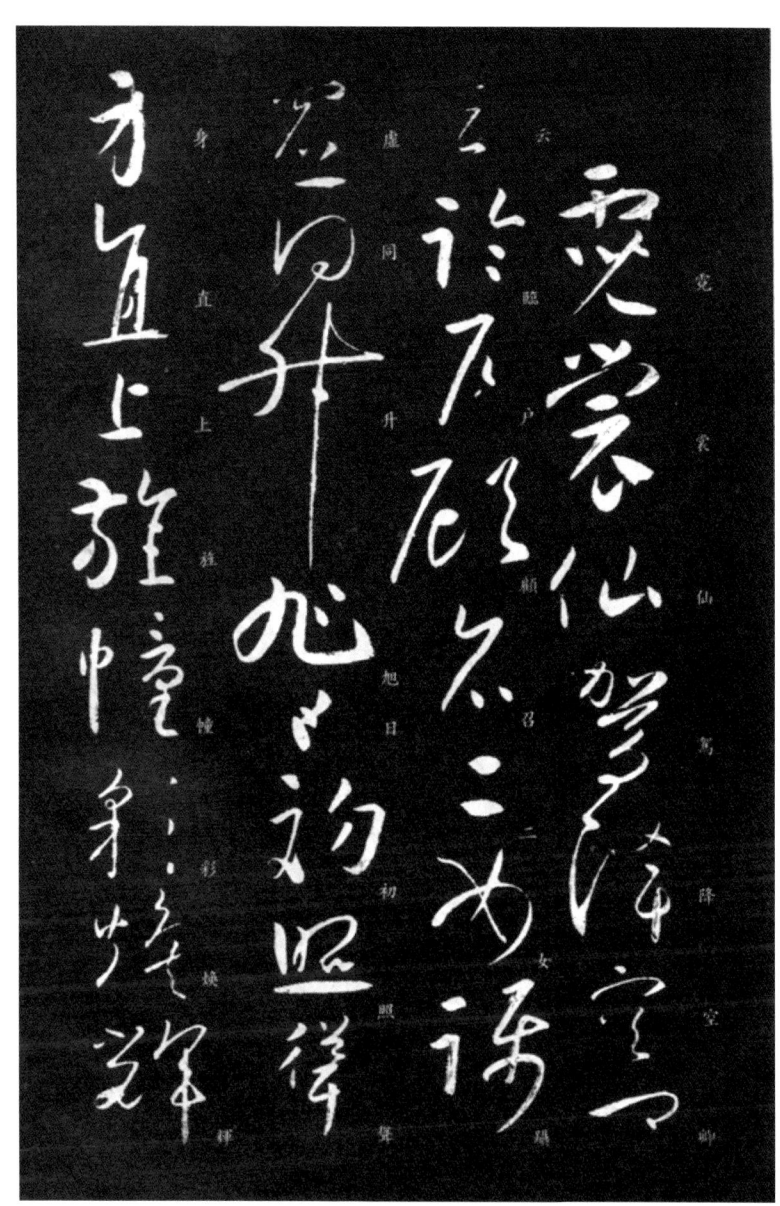

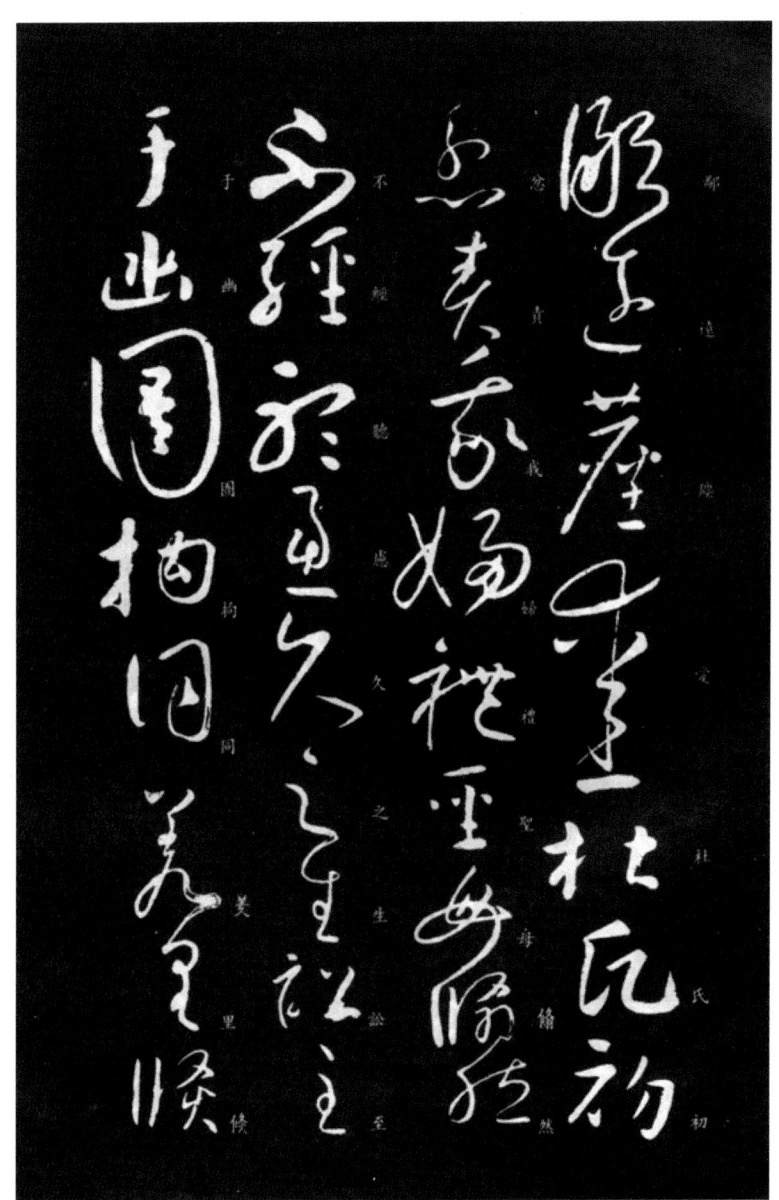

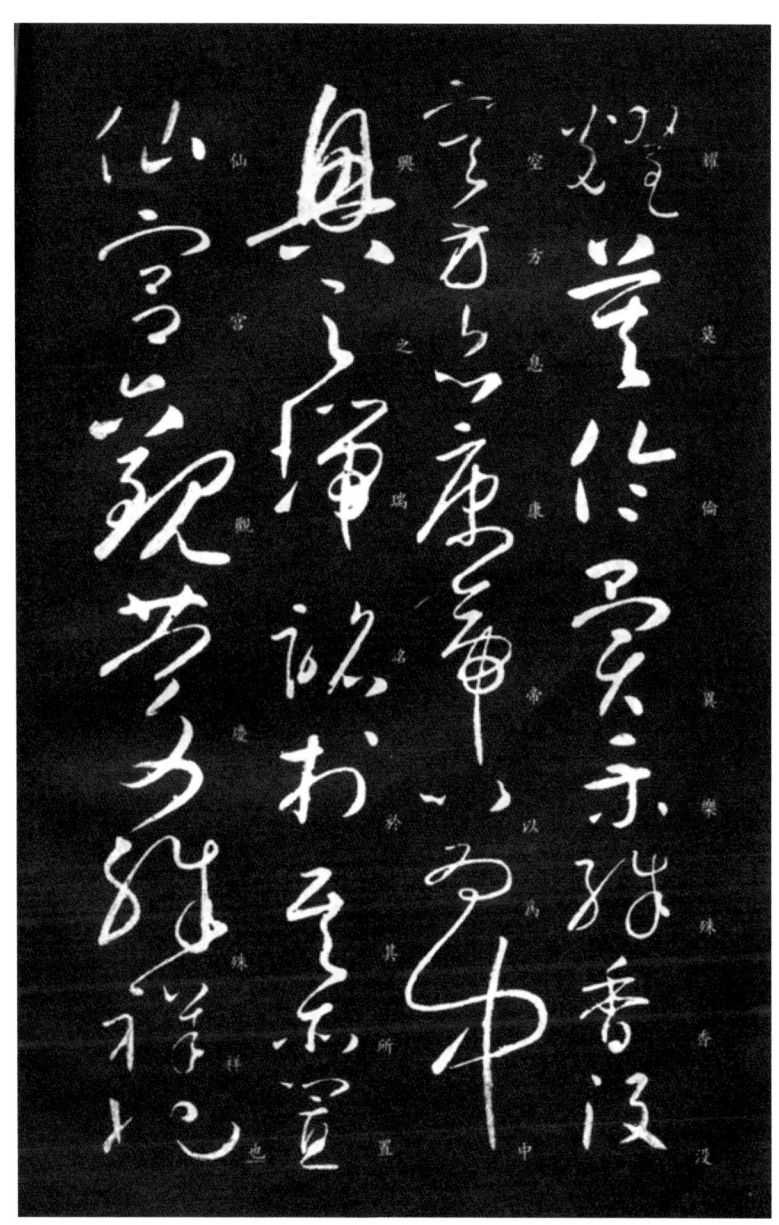

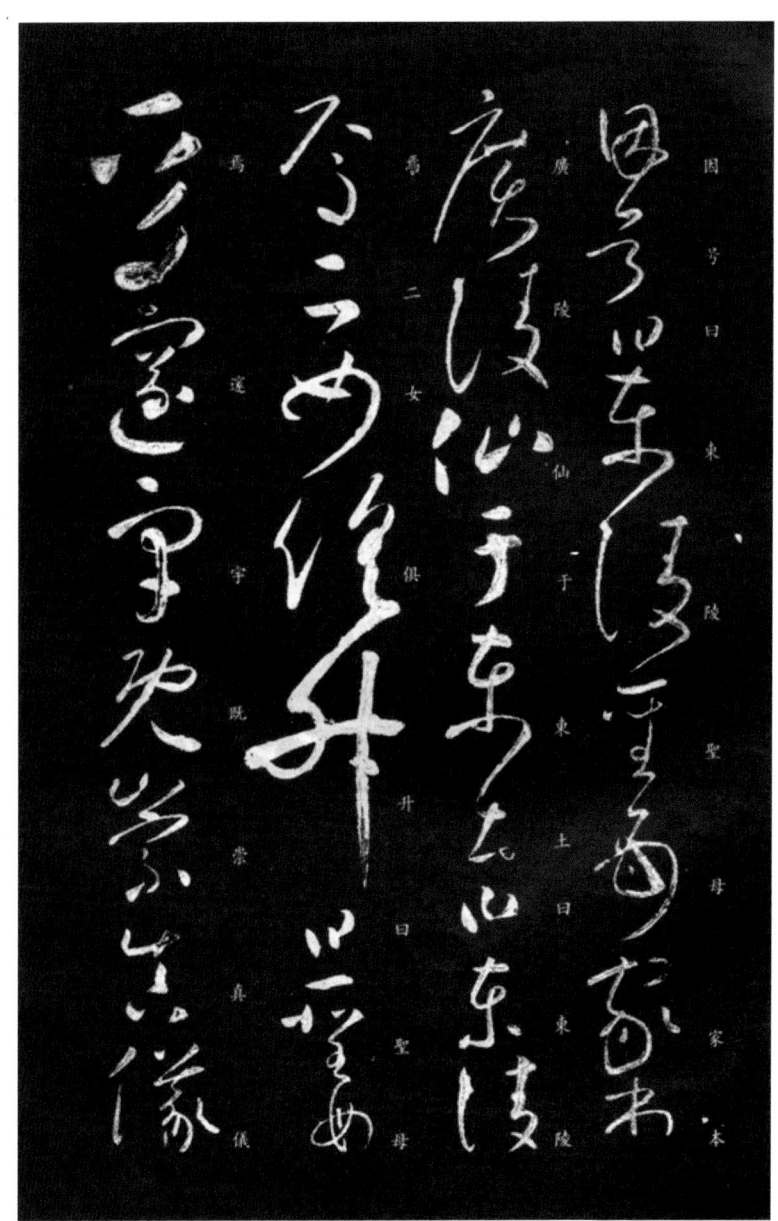

안석(安石), 예명 안염석(安琰石)

생태심리학과 생태논리학을 연구 및 전파하는 친환경 서화작가이다. 중국서화가협회 부주석
이자 '세계 화교명인 네트워크 전문가 모임'의 서법국학당 주 강사이다. '지구촌 풍수수(風水
樹) 환경보호 지원자 연맹' 및 '국제 생태문예학회 한자서법 위원회'를 창시하였다. 2009년 한
자서법을 세계무형문화유산에 등록시킨 장본인이며 현재 중국의 사천대학교 해외학원 서법교
수로 재직 중이다. 주요 저서로는『畵意書法暨書法意象畵(화의서법 및 서법의상화)』,『環保漢字熊
猫書畵(환보한자판다서화)』,『素質教育全書(소질교육전서)』외 다수가 있으며 이 책들은 중 내외
80여 개 매체에 보도된 적이 있다.

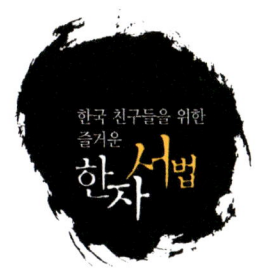

초판인쇄 | 2010년 11월 9일
초판발행 | 2010년 11월 9일

지 은 이 | 안 석
번   역 | 황금슬
펴 낸 이 | 채종준
펴 낸 곳 | 한국학술정보㈜
주   소 | 경기도 파주시 교하읍 문발리 파주출판문화정보산업단지 513-5
전   화 | 031) 908-3181(대표)
팩   스 | 031) 908-3189
홈페이지 | http://ebook.kstudy.com
E-mail | 출판사업부 publish@kstudy.com
등   록 | 제일산-115호(2000. 6. 19)

ISBN   978-89-268-1618-9 13720 (Paper Book)
         978-89-268-1619-6 18720 (e-Book)

이담
Books 는 한국학술정보(주)의 지식실용서 브랜드입니다.